國家社科基金重大委托項目“《子海》整理與研究”成果

山東省社科規劃重大委托項目成果

子海精華編

主編　王承略　聶濟冬

吏學指南

（元）徐元瑞　撰　郭超穎　點校

鳳凰出版社

圖書在版編目（CIP）數據

史學指南 / （元）徐元瑞撰 ; 郭超穎點校. -- 南京:
鳳凰出版社, 2022.6（2024.3重印）
（子海精華編 / 王承略, 聶濟冬主編）
ISBN 978-7-5506-3702-3

Ⅰ. ①史… Ⅱ. ①徐… ②郭… Ⅲ. ①官制－中國－
古代 Ⅳ. ①D691.42

中國版本圖書館CIP數據核字(2022)第105008號

書　　名	史學指南
撰　　者	(元)徐元瑞
點 校 者	郭超穎
責任編輯	蘭淑坤
裝幀設計	徐　慧
責任監製	程明嬌
出版發行	鳳凰出版社(原江蘇古籍出版社) 發行部電話025-83223462
出版社地址	江蘇省南京市中央路165號,郵編:210009
照　　排	南京新洲印刷有限公司
印　　刷	江蘇揚中印刷有限公司 江蘇省揚中市大全路6號，郵編:212212
開　　本	890毫米×1240毫米　1/32
印　　張	4.375
字　　數	95千字
版　　次	2022年6月第1版
印　　次	2024年3月第2次印刷
標準書號	ISBN 978-7-5506-3702-3
定　　價	48.00圓

(本書凡印裝錯誤可向承印廠調換,電話:0511-88420818)

國家社科基金重大委托項目“《子海》整理與研究”成果之一

《子海精華編》

執行編纂(按姓氏筆畫排列):

李　兵　李　博　宋恩來　林　相　尚　穎　柳春燕
柳湘瑜　畢研哲　徐慧月　陳肖杉　陳福盛　張　偉
歐劍文　劉迎秋　劉　博　劉　圓　錢永棒

編　　務(按姓氏筆畫排列):

布吉帥　宋曉晨　高佳蕾　孫紅苑　張　荔　張　瑞
張　櫻　劉　端

本書審稿專家:王其和

《子海精華編》出版説明

“子海”，即“子書淵海”的簡稱。“《子海》整理與研究”課題係國家社科基金重大委托項目、山東省社科規劃重大委托項目。該課題分《珍本編》、《精華編》、《研究編》、《翻譯編》四個版塊，力圖把子部珍稀文獻、精華文獻進行深層次的整理、研究和譯介，挖掘子部文獻的價值，促進子學研究的發展。

山東大學向來以文史見長。古籍整理與子學研究，是其中的傳統研究方向。“《子海》整理與研究”，是在山東大學前輩學者高亨先生積 30 年之力陸續做成的《先秦諸子研究文獻目録》的基础上，由已故著名古籍整理與研究專家董治安先生參與策劃、設計的大型綜合研究課題。課題立項後，得到了中宣部、教育部、財政部、山東省政府和山東大學的大力支持，學界同仁踴躍參與。《精華編》的整理研究團隊近 200 人，來自海内外 48 所高校和研究機構。在組織管理上，《精華編》努力探索傳統文化研究協同創新的新體制、新機制，現已呈現出活力和實效。

華夏文明是由多元文化構築而成的。中國古代子部典籍，以歷代士人個性化作品的形式，系統性地展示了華夏民族的世界觀和方法論，立體性地反映了中華民族對世界文明發展的貢獻。其中，無論是宏篇大論，還是叢殘小語，都激蕩著歷史的聲音,閃爍著智慧的光芒,構成中國古代思想、藝術、科技和生活方式的主體内容。《精華編》通過對子部最优秀的典籍的整理,一方面擷英取粹,爲華夏文明的傳播提供可靠的資源和文本;另一方面以古鑒今,爲當下社會的發展提供智力支持和精神支撐。并希望進而梳理中華傳統文化的多元結構,繼承中華優秀傳統文化的一貫文脈。

根據漢代以後子學發展和子部典籍的實際情況,參照官私目録的分類與著録,《精華編》選取先秦諸子、儒學、兵家、法家、農家、醫家、曆算、術數、藝術、雜家、小説家、譜録、釋道、類書等十四個類目的要籍幾百種,編爲目録,作爲整理的依據,而在成果展現上則不出現具體的類目。爲統一體例,便於工作,《精華編》編有詳細的《整理細則》,并有簡明的《整理要則》,供整理者遵循使用。

《精華編》整理原則是,對每種子書的整理,突出學術性、資料性和創新性,力求吸納已有的整理成果,推出更具參考價值、更方便閱讀的整理文本。所採用的整理方式,大體有三種:一、部頭較大且前人未曾整理者,採用標點、校勘的方式整理;二、前人曾經標點、校勘者,或採用抽换更好或别具學術特色底本的方式整理,或採用集校、集注的方式整理,或採用校箋、疏證的方式整理,或綜合使用以上方式;三、前人已有較好的注本者,則採用集注、彙評、補正等方式整理。

《精華編》採用五次校審、遞進推動的管理程式,即:一、初校全稿。子海編纂中心組織碩、博研究生,修改文稿錯别字,規範異體字,調整格式,發現並標明校點中的不妥之處。二、初審文稿。子海編纂中心的编纂人員根據情況,解决初校时發現的问題,并判斷書稿的整體質量。三、匿名評審。聘請資深教授通審全稿，全面進行學術把關，消滅硬傷，寫出審稿意見。四、修改文稿。子海編纂中心及時把專家審稿意見反饋給整理者。整理者根據審稿意見修改，做出新文稿。五、終審文稿。待新文稿返回子海編纂中心后，總編纂作最后的學術質量把關。五步程序完成後，將文稿交付出版社。

五次校審的目的是爲了保證學術質量，提高整理水平，減少錯訛硬傷。但校書如塵埃落葉，隨掃隨有，《精華編》雖經多道程序嚴加把關，仍難免有錯，懇請方家不吝指教。子海編纂中心將及時總結經驗，吸取教訓，把工作做得更好，以實現課題設計的初衷。

目　録

整理説明

《吏學指南》是一部爲初做吏員者撰寫的啓蒙讀物。是書又名《習吏幼學指南》,原刊於元大德五年(1301),撰者徐元瑞,元代吴郡(今江蘇蘇州)人。徐氏生平事迹無可考證,不過從《吏學指南》本身尚能够推測一二。《居家必用事類全集》所收徐氏自序云:

> 欽惟聖朝一統,天下同文,繇吏入官,深合古法,凡居是職,可不愛重!但初學之士,妙齡而入,律書要旨,未暇師承,巧詆之風,薰染日著。夫讀律則法理通,知書則字義見,致君澤民之學,莫大乎此,雕人欺事之習,恐反陰功。是以不揆荒唐,因摘當令吏用之字及古法之名,首冠以歷代吏師,終繼于恕刻軌範,類成一書,目曰《習吏幼學指南》。期在啓蒙,不敢呈諸達者。與我同志,幸毋誚云。

徐氏之撰此書,"期在啓蒙",以防後輩初爲吏者不學無術,貽害百姓,所叙條目又處處透露出吏事上的嫻熟,顯是一位頗具社會責任感且經驗豐富的老吏。然而不同於一般的吏員,徐氏還具有相當的文化修養。《吏學指南》全書篇幅雖不過四萬餘字,所引用的書目竟不下六十種,且涉及經、史、子、集乃至於釋典、道藏等諸多門類,這在今天流傳下來的元代官制、官箴書中是相當罕見的。

《吏學指南》全書由卷首序言、"歷代吏師類録"、目録以及正文四個部分組成。目前所能見到的序有石抹允所作《吏學指南序》及徐元瑞自作《習吏幼學指南序》(但分别出現在兩個版本系統中,詳下)。"歷代吏師類録"列舉了從遠古傳説時代到宋朝的各個時期裏,包括伊尹、周公等人在内的百餘名先賢,以之作爲出身"吏"這一職業的先師。正文共有八卷,前七卷如同辭書,"摘當令吏用之字及古法之名",將吏員從吏相關知識及公文常用術語分門别類並予以解釋,共收録了政治、經濟、法律等方面公文用語的相關詞條 91 類,總計 2109 條。這些條目,對官府衙門中諸如刑獄、訴訟、差發、徵兵、賞罰、陟黜、賦税等各種日常事務,所涉及的公文案牘術語作出了簡明闡釋。卷八則收録了各類箴言,以及前代吏員因爲政仁恕而得福報或因慘刻而得報應等事迹,具有濃厚的勸誡和教化色彩。

元代科舉不興而吏治發達,主要的官員任用制度是吏員出職,即中、下級官員由官府吏員出職補充,許多漢族知識分子在靠讀書出頭無地的境況中,往往會選擇出任吏員。此種吏員出職機制的形成既是宋代以來吏員自身發展積勢的一種顯現,又是時代大背景的一種選擇和造就。在這種社會背景下,吏員、出職制度,乃至吏學,都獲得了極大發展。徐元瑞是當時社會與政治環境中十分典型的一員,而《吏學指南》一書的内容,恰好反映出徐氏"欲治必明乎法"的治國理念與"居官必任吏"的政治主張。在某種程度上,《吏學指南》可以説是這段歷史的一個縮影。

值得注意的是,《吏學指南》的撰寫似乎並不完全聚焦於吏員事務本身，而是有更高層次的考量。這主要體現在兩個方面。第一，有意識地進行歷史建構。徐氏自序云：

> 嘗聞善爲政者必先於治，欲治必明乎法，明法然後審刑，刑明而清，民自服矣。所以居官必任吏，否則政乖。吏之於官，實非小補。夫吏，古之胥也，史也，上應天文，曰土公之星，下書史牒，曰刀筆之吏，得時行道，自古重焉。秦、漢以來，爲將爲相，立當路而據要津，代不乏人。

關於“吏”的解釋，徐氏認爲是“《周禮》所謂天官冢宰也”。卷首又設立“歷代吏師類録”，列舉歷代“吏師”。可見其依據吏員參與政治、處理政務這一特點，一直追溯到上古時期，將歷代許多有名的先賢涵括在“吏”的範疇中，於是“吏”被塑造成了一個應天而生、不可或缺且歷史悠久的職業。這種歷史建構不僅僅是爲吏員群體樹立職業上的楷模而已，託古以拔高吏員群體的自我定位，培養其職業崇高感纔是更爲深層的目的。第二，書中内容具有經典性。徐氏並没有叙及太多元代吏員事務的具體處理經驗，更多是介紹爲吏者所需掌握的基礎術語概念與基本操守。儘管其内容較爲基礎，但如果只是單純地輔助初爲吏員的年輕人做好職業入門，似不必引用如此繁多的書目，因爲淺顯的叙説更具有普適性。若將此歸結爲徐氏的迂闊好文，卻又不然。其引經據典雖多，但也尊重元代吏事的實際情況。如卷一《府號》“署”條，《釋名》云“書文書檢曰署。署，予也，題所予者官號也”，本書釋爲“部署也。置書之所也”。以往的宋元語言辭典、元代俗語辭典以及漢語詞源、漢語大字典，收入的元代詞條多來自文學文獻，《吏學指南》則保留了富有特色的語言學素材，值得重視。它對當時語辭有明確解釋。如元曲中的“明降”一辭，本書釋：“明降，謂取上裁決也。”宋元史籍中“敘復”一辭，本書釋：“述其衷曲曰叙，挽回元職曰復。”《吏學指南》對於宋元時代制度的微觀記録，也十分細緻。卷六《良賤孳産》“貴賤”“良賤”條詳細釋義，並援引《刑統賦》散佚注釋文獻，云：“貴賤之賤，君子有時居之。良賤之賤，小人亦恥爲之。”這對該時期良賤問題的研究是一種文獻補充。凡此種種，不一而足。徐氏之引經據典，並與實際相結合，其旨在使此書更爲典重，以獲得更爲長久的生命力，乃至於成爲吏學領域的經典著作。這透露出元代獨特而發達的吏制之下，吏員群體壯大，逐漸形成了獨立鮮明的自我意識，而吏員之學也相應地進入了系統建設的時期。

以上是《吏學指南》所反映的元代風貌之一端。總體來看，《吏學指南》所涉内容甚廣，能提供重要的文獻徵實，對於元代的政治、法制以及社會風俗等方面的研究都有很高的參考價值。

《吏學指南》現存最早的版本是元德安府穆虎彬所刻的單行本，石抹允爲之所作序云：“我本府同知公穆虎彬，慮吏輩之不知也，乃刻徐氏所編《吏學指南》以示之。俾熟此可以知厥名義，而進於法律，以爲政焉。”是書每半葉十一行，行二十四字，小注雙行二十四字，黑口，四周雙邊。其上鈐有“黄一鷺印”“黄伯羽”“碧梧亭”“王懿榮”“福山王氏正孺藏書”“桂林況周頤藏書”“傅增湘印”“臧園秘籍”“雙鑑樓珍藏印”等諸多印章，且王國維爲蔣汝藻所撰《傳書堂藏書志》及傅增湘《藏園群書經眼録》均有著録，可見其流傳脈絡相對清晰，淵源有自。此刻本現存於國家圖書館，《續修四庫全書》和《中華再造善本》均曾據以影印。本書即據《中華再造善本》影印的元刻本爲底本。

《吏學指南》的單行本在朝鮮、日本也有流傳，如今尚能見到日本早稻田大學所藏的朝鮮刻本。此版本每半葉十一行，行二十一字，小注雙行二十一字，一册，鈐有“早稻田大學圖書”印。與元刻本相同，此書亦由“吏學指南序”、“歷代吏師類録”、目録以及正文四個部分組成，不過“歷代吏師類録”置於目録之後，且“吏學指南序”爲楷書（元刻本爲草書）。此刻本與元刻本的行款、内容順序以及文本雖略有出入，但從二者於卷四《法例》的“刑法”條均遺留了一個“○”符號（全書僅此一個）這一情況來看，兩個刻本屬於相同的版本系統。而朝鮮刻本眉目清晰，破損較少，能够補正元刻本的漫漶之處。

在長期的流傳過程中，除了單行本，《吏學指南》還形成了《居家必用事類全集》的版本系統。《居家必用事類全集》爲元人所編，載歷代名賢格訓及居家日用事宜，以十天干分集，其中辛集收入了《吏學指南》（題作“習吏幼學指南”）。《居家必用事類全集》元、明、清均有刊刻，《吏學指南》多依此書而保存和流傳。現存《居家必用事類全集》元刻本均爲殘卷，散落各處，難窺全貌。但明刻本被完整保存了下來，現存有明司禮監刻本（現藏於國家圖書館，《北京圖書館古籍珍本叢刊》據以影印）和明隆慶二年（1568）飛來山人刻本（現藏於南京圖書館，《續修四庫全書》據以影印）。其還流傳至朝鮮、日本，《吏學指南》附於其中，遂有朝鮮刻本和日本刻本流傳於世。這一系統的《吏學指南》，與單行本相比産生了極大的改動。分卷完全取消，且第八卷的内容被全部删除，卷首的

"歷代吏師類録"改稱"吏師定律之圖",所載先賢的名字順序變化極大,正文條目的順序也有很大改動。值得一提的是,卷八被整體删除的原因,一方面可能是其内容與前七卷存在明顯差異,另一方面卷八開篇《提刑箴》盛贊"大元建號,蓋法乎乾。有仁有威,無黨無偏"云云,而明代對元代胥吏亂政並不認可,明太祖朱元璋在《大誥》里對元代胥吏亂政進行過猛烈鞭撻,這也可能是原因之一。甚至此卷還見載余晦誣王惟忠,理宗命陳大方拷掠成獄,後"大勢亦卒中而亡"的文字。

此外,《居家必用事類全集》辛集後面還附有《爲政九要》,屬於讀書筆記,主要闡述的是爲官從政的九項要求,分别是"因書第一""正心第二""正内第三""正婚第四""禁捕第五""正農第六""急務第七""爲政第八""時利第九",其旨在爲培養吏員如何成爲清吏、良吏提供啓迪和借鑑。學者多以爲此篇亦爲徐氏所撰,但據夏令偉考證,作者爲金元時人趙素,號虚白處士。[①] 且從《居家必用事類全集》的行款格式看,"吏學指南"與"爲政九要"乃是並列的標題,實爲二書。這一版本系統的《吏學指南》不復原貌,但保留了徐氏自作之序,同時對元刊本的錯誤也有所改正。

1951 年日本東京東洋史研究會出版了油印本,其書以明刻《居家必用事類全集》本爲底本,用日本、朝鮮的刻本校補。目前較常見的整理本,包括 1979 年臺北文海出版社本和 1988 年浙江古籍出版社本,都是在此基礎上形成:前者據

---

① 參見夏令偉《宋元文體與文體學論稿》附録三《〈吏學指南〉的誤傳與原貌》,中山大學出版社 2018 年版,第 272—278 頁。

日本油印本改版排印，以《居家必用事類全集》覆校，但錯字、標點問題突出；後者由當代元史專家楊訥點校整理，在日本油印本基礎上用日本寬文十三年（1673）刊《居家必用事類全集》本作了校勘，並據《周易》《尚書》《左傳》等典籍校正了部分引文，重新標點排印。這些整理本的版本底本情況比較複雜，且本質上都是源於明代《居家必用事類全集》本，未能參考更早的元刻單行本。本次整理另起爐灶，以元刻本爲底本，以朝鮮刻本爲對校本，同時參校明代司禮監刻《居家必用事類全集》本，希望整理出一個更符合原本面貌、錯誤更少的版本，以方便讀者作進一步的了解。

在整理點校工作中，清華大學王志遠先生、南京財經大學朱丹寧先生提出諸多寶貴意見，特致忱謝。

凡　例

一、此整理本係以國家圖書館出版社《中華再造善本》所收元刊本爲底本，通校其他重要版本，並參酌引文所涉及的相關古籍而成。

二、整理所用其他版本如下：

（一）日本早稻田大學藏朝鮮刻本，簡稱“朝鮮本”；

（二）書目文獻出版社《北京圖書館古籍珍本叢刊》所收明司禮監刊《居家必用事類全集》本，簡稱“明刻本”。

三、底本有若干漫漶之處，悉據朝鮮本及明刻本補入。

四、《習吏幼學指南序》及《爲政九要》爲明刻本所獨有，本書列入附録之中，以資參考。

五、不同版本之間異文頗多，校本誤者不出校，底本誤者改正並出校記，兩可或存疑者亦出校記。

六、底本俗字頗多，除關涉校勘者，本書悉改爲規範繁體字。

七、爲方便閱讀，此次整理依據文義添加新式標點。

吏學指南序

吏人以法律爲師，非法律則吏無所守。然律之名義，不學則不知也。不知則冥行而索途，奚可哉！我本府同知公穆虎彬，慮吏輩之不知也，乃刻徐氏所編《吏學指南》以示之。俾熟此可以知厥名義，而進於法律，以爲政焉。此吾儒《大學》所以欲明明德于天下，必先之以致知格物，以爲脩齊治平之本，顧不美歟！雖然，《漢》《史》爲循吏作傳，不爲能吏作傳，《禹》《範》云好德爲福，不言好才爲福，此又爲吏者之所當講，亦我同知公之刻書美意。誠能乎此，則庶乎非、鞅、斯、厝之刑名，則駸駸然入於皋陶、稷、契之德化矣。致君澤民，孰有加于此者？斯時也，迴視此書，特魚兔之筌蹄耳，讀者其致思焉。

承事郎、雲夢縣尹山後石抹允敬爲之引。

歷代吏師類録

天文二星

上帝，執法官；土公，吏。

有虞氏

士師皋陶。

周

太傅周公旦、太保召公奭、朝鮮侯箕子、太司寇吕侯。

列國

韓

公子韓非、相申不害、大夫慎到。

魏

師李悝。

齊

相管仲。

鄭

相公孫僑、大夫鄧析。

楚

大夫屈平。

晋

相范匄、大夫趙鞅。

秦

丞相李斯、商君公孫鞅、郎中令趙高。

西漢

相國蕭何、丞相鼂錯、中大夫主父偃、太傅叔孫通、中大夫董仲舒、丞相翟方進、丞相張倉、太中大夫張湯、御史馮敬、涿郡太守鄭昌、侍御史趙禹、丞相王嘉。

東漢

太中大夫梁統、大司農鄭玄、廷尉郭躬、郎中令郎顗、尚書陳寵、泰山太守應劭、司徒魯恭、侍中荀彧、南郡太守馬融、廷尉杜周、尚書令陳忠、司徒鮑昱、尚書宋登、北海太守孔融。

魏

司空陳群、太傅鍾繇、常侍劉邵。

蜀

丞相諸葛亮、尚書令法正、昭文將軍伊籍、尚書劉巴、偏將軍李嚴。

晋

太傅羊祜、太傅賈充、尚書令荀勖、太傅鄭冲、[①]司空荀顗、廷尉杜友、騎尉成公綏、定科郎裴楷、當陽侯杜預、尚書郎柳軌、明法掾張斐、中護軍王業。[②]

宋

右僕射劉秀之、散騎常侍謝莊、中書監王弘。

齊

竟陵王蕭子良、删定郎王植之、廷尉孔稚圭。

---

① "冲",原作"充",朝鮮本同,皆誤,據明刻本改。《世説新語》卷二《政事第三》云:"賈充初定律令,與羊祜公咨太傅鄭冲。"

② "護",原作"讓",朝鮮本同,皆誤,據明刻本改。《晋書》卷三《武帝紀》云:"癸巳,以中護軍王業爲尚書左僕射。"

梁

黄門侍郎王亮、廷尉郎蔡法度。

陳

右僕射徐陵、删定郎范果、[1]廷尉沈欽。

後魏

長史燕鳳、中書監高允、郎中令許謙、尚書李冲、三公郎王德、尚書令高肇、司徒崔浩、常侍邢巒。

北齊

尚書令高叡。

後周

尚書蘇綽、廷尉郎趙肅、司憲大夫杜跋迪。[2]

---

① “范果”,朝鮮本同,明刻本作“范杲”。按,當皆爲“范泉”之誤。《陳書》卷三三《儒林傳》云:“比部郎范泉,删定律令。”

② “杜跋迪”,朝鮮本同,明刻本作“托跋迪”。按:此姓爲音譯,屢經改易,史書中用法各異,《隋書》作“託拔迪”,《册府元龜》《資治通鑑》等作“拓跋迪”。

隋

左僕射高熲、納言蘇威、上柱國鄭譯、太尉于翼、趙國公楊素、尚書牛弘、率更令裴政、旅騎尉劉炫。

唐

太尉長孫無忌、左庶子于志寧、御史郎餘慶、丞相李林甫、司空房玄齡、侍中王珪、侍中韋安石、京兆尹許孟容、右僕射裴寂、主符郎宋公弼、吏部侍郎岑羲、留守狄兼謨、左丞崔善爲、法曹裴弘獻、丞相盧懷慎、大理卿張戣、納言劉文静、尚書裴居道、丞相宋璟、侍郎劉瑑。①

後晋

丞相李崧、諫議薛融。

後周

丞相范質、御史張湜。

遼

中書令韓延徽。

---

① “瑑”，當爲“瑑”。《舊唐書》卷五十《刑法志》云：“刑部侍郎劉瑑等，奉敕修《大中刑法總要格後敕》六十卷。”

金

右相烏古輪元忠、①左相完顔守道、翰林學士韓昉、尚書令完顔宗幹、參政粘割斡特勒、參政梁肅、右丞張汝弼、平章唐括安禮、平章紇石烈良弼、丞相完顔襄、平章張萬公、左丞徒單鎰、右丞完顔匡、參政僕散揆。

宋

尚書竇儀、翰林蘇易簡、詳刑官賈士寧、贑縣令施述、尚書張昭、律學博士傅霖、翰林馮元、丞相吕頤浩、中丞蘇正堯、丞相韓琦、右贊善楊安國、②丞相虞允文、大理卿張希讓、參政張方平、著作郎趙希言、樞密蕭燧、大理正奚與、右僕射蘇頌、著作郎王圭、尚書韓邈、法直官陳光義、參政蔡齊、司諫公孫覺、删定官李澄、法直官馮叔向、丞相夏竦、尚書宋祁、起居郎曾炎、翰林宋白、丞相劉摯、丞相曾公亮、尚書單夔、刑部侍郎許讓、三司使程琳、③中丞王覿、貫冶子范遂良、給事中柴承務、尚書孫奭、刑部郎中杜紘、④姑蘇子劉畫。

---

① “輪”,《金史》卷一二〇《世戚傳》作“論”,係音譯之異。

② “楊”,原作“揚”,朝鮮本同,據明刻本及《宋史》改。

③ “琳”,原作“林”,據朝鮮本、明刻本改。《宋史》卷三一〇《王曾傳》云:“三司使程琳集官議。”

④ “紘”,原作“汯”,朝鮮本同,明刻本作“紘”。《宋史》卷三三〇《杜紘傳》載紘字君章,據改。

吏學指南卷之一

吴郡　徐元瑞君祥纂

吏稱周曰府史胥徒，今謂吏胥掾史。

吏　《説文》曰："治人者也。"謂吏之治人，心主於一，故從一。《風俗通》曰："吏者，治也，當先自正，然後正人。"《字寶》曰："執法之人也。"

胥　《周禮》云："才智之稱曰胥。"謂其有才智爲什長也。

掾　《字寶》云："尊官之屬曰掾。"謂分部列局之吏也。

史　記言述事曰史。《周禮》注："史，掌書者。"宰夫之職六曰史，掌官書以贊治。

廉吏　謂清儉不貪者，如漢朱邑等也。

循吏　謂上順公法、下順人情者，如漢張釋之等也。

良吏　謂政善寬和、人懷其惠者，如晋吴隱之等。

能吏　漢谷永曰"抱功修職"，謂之能吏。

酷吏　謂暴刻殘忍者，如漢嚴延年、唐來俊臣等也。

貪吏　謂因財喪德者，如唐王琚等也。

獄吏　漢路温舒上言："秦有十失，其一尚存，治獄之吏是也。"

清白吏　漢楊震公廉，世稱清白吏。

刀筆吏　古者記事於簡册，謬誤者以刀削除，故曰刀筆吏。漢蕭、曹起自刀筆吏。

刻木　漢路温舒上書言尚德緩刑，引俗語曰："'畫地爲獄，不可入；刻木爲吏，期不對。'此疾吏之辭也。"又《前漢・藝文志》曰：法家曰"刻者"。

吏道　《漢・薛宣傳》曰："吏道以法令爲師，可問而知也。"

行止

孝事父母	友於兄弟	勤謹
廉潔	謙讓	循良
篤實	慎默	不犯贜濫

才能

行遣熟閑	語言辯利	通習條法
曉解儒書	算法精明	字畫端正

六曹

吏　《周禮》所謂天官冢宰也。

户　地官司徒也。

禮　春官宗伯也。

兵　夏官司馬也。

刑　秋官司寇也。

工　冬官司空也。

衙門南北之異

官府門南面　省、院、部、寺、路、府、州、縣諸司衙門，皆向南坐北。按《延光集》云：南方屬離卦，蓋離中虚則聰。又南方屬火位，火明則能破暗，故表南面聰明，爲民治愚暗之事。又諸侯代天子南面而治天下之義也。

臺門面北啓　《御史臺記》曰："臺門北開，取肅殺就陰之義。"韋述《唐兩京記》曰："臺門北開，以糾劾之司主意於殺，故門北啓，以象陰殺。或曰：俗傳開南門不利大夫。"《譚賓録》曰："隋初移都，兵部尚書李圜通兼御史大夫，欲向省便，故開此門。唐因循不改，迄今遂爲故事。"《唐會要》載裴冕語云："臺司以糾正冤濫，有好生之德，豈創冬殺之義以入人罪乎？"馮鑑以冕言爲當。

戒石銘

爾俸爾禄，民膏民脂。下民易虐，上天難欺。　漢唐以來，未嘗有之。五代時，蜀主孟昶始頒令箴於諸邑，其文曰："朕念赤子，旰食宵衣，言之令長，撫養惠綏。政存三祀，道在七絲，驅雞爲理，留犢爲規。寬猛得所，風俗可移，無令侵削，無使瘡痍。下民易虐，上天難欺，賦輿是切，軍國所資。朕之賞罰，固不逾時，爾俸爾禄，民膏民脂。爲民父母，莫不仁慈，勉爾爲戒，體朕深思。"凡二十四句，宋朝太宗删繁取簡，摘其二聯一十六字，頒行天下。至高宗紹興間，復以黄庭堅所書，命州縣長吏刻石座右，至今官府存焉。至元癸巳，浙西廉司移治錢塘，司官大使容齋徐参政改書其銘曰："天有昭鑒，國有明法，爾畏爾謹，以中刑罰。"

郡邑

京師　《公羊傳》云："京，大也；師，衆也。"天子所都必以衆大者也。又蔡邕《獨斷》曰:"天子所都曰京師。"

京畿 《文選》注曰:"天子居千里曰京畿。"

大都 《帝王世紀》曰:"天子所居宫曰都,又曰會。"言其師衆都會之所也。

各道 《爾雅》曰:"一達謂之道。①"唐併州郡爲道。

路 《字寶》曰:"通行之道曰路。"宋分各道爲十八路,今以大郡爲之。

府 《蘇氏演義》曰:"府者,聚也。言聚所在圖籍簿書之處。"《風俗通》曰:"公卿牧守通德之所聚也。"唐始以州郡爲府。

州 《説文》曰:"酬也。"民居相生,以酬爲州。黄帝以十師爲州。

縣 《釋名》曰:"懸也。懸於郡者。"楚莊王滅陳爲縣,名自始。

鎮 安也。凡民聚爲市者曰鎮。始於宇文周代。

鄉 《釋名》:"萬二千五百家曰鄉。②"又:"向也,衆所向也。"

都 《干旄》注曰:"下邑曰都。"

保 《國語》注:"小城曰保。"

里 《國語》曰:"五家爲軌,十軌爲里。"又曰:"在田曰廬,在邑曰里。"

社 土地之主也。《左傳》二十五家爲社。今五十家爲社。

城郭 《管子》曰:"内謂之城,③外謂之郭。④"

村坊 唐武德制,鄉保鄰里在邑曰坊,田野曰村。

府號

省 《演義》曰:"省,謂省察天下簿書之所也。始於漢,至晋曰

---

① "達",原作"逵",朝鮮本同,誤,據明刻本及《爾雅》改。
② "百",原作"伯",據朝鮮本、明刻本改。
③ "管子曰内",原殘缺,據朝鮮本、明刻本補。
④ "謂之",原殘缺,據朝鮮本、明刻本補。

省家。”

院　堅宅也。① 唐始以樞密、翰林之司曰院。

臺　《詩》曰：“南山有臺。”樂得賢也。《説文》曰：“高而觀四方曰臺。”漢以御史府改曰臺。唐曰憲臺。

都省　漢以僕射總理六尚書，謂之都省。

都堂　《演義》曰：“堂，當也。謂當正向陽之屋。”又曰：“明也。言明禮義之所也。”唐制，尚書省曰都堂。

行省　分鎮方面，故爲行省。

省堂　即都堂之義，爲係行省，故曰省堂。

部　分判署書之司也。舜曰六官，秦、漢以來稱六曹，後周曰六卿，隋改曰六部。

寺　《釋名》曰：“嗣也。”治事者相繼續其内守法度也。② 三代以來曰卿，北齊爲寺。

監　領督事務之所也。《周禮》曰：“邦國立其監。”《王制》：天子使大夫爲三監。

署　部署也。置書之所也。

司　《説文》曰：“臣司事於外者也。”蓋后繼體人君，③職在治内，故從厂。司者，臣子所主，職在於外，故從冂。又《周禮》辨八職，其三曰司，掌官法以治目。

翼　輔佐武備之司曰翼，猶左右護衛也。

營寨　《説文》曰：“市居。”軍壘曰營，山居木栅曰寨。

學　傳業講習之舍也。三代曰校、庠、序，漢文翁始置學。

站驛　安也。船馬車轎之所曰站，使客傳舍曰驛。

---

① “堅”，朝鮮本同，明刻本作“里”。

② “治”，原作“台”，據朝鮮本、明刻本及《釋名》改。

③ “后”，原作“石”，朝鮮本同，誤，據明刻本及《説文》改。《説文》云：“后，繼體君也。象人之形，施令以告四方，故厂之。”

倉 《釋名》曰:“藏也。”藏穀物之所也。大曰倉,小曰庾,始於陶唐之世也。

場 《説文》曰:“不田之地曰場。”

庫 《説文》云“兵車所藏曰庫”,“金帛所藏曰帑”。始自湯武。

務 《韻》注:“專力於事曰務。”

局 分曹之司,有拘束之所也。

所 《詩》曰:“獻于公所。”謂所在之方曰所也。

衙 唐制:天子居曰衙,行曰駕。《語林》曰:“近代通以府廷爲衙也。”

廳 《禮記》曰:“聖人南面而聽天下。”漢、晋以來作聽事,六朝始加“广”也。

房 《演義》曰:“方也,室内之方正也。”又,防也。《尚書·顧命》有東房、西房。

案 《韻》注:“考驗也,舉察也。”

科 《字寶》曰:“逐項分别曰科。”

官品

勛 《周禮》曰:“王功曰勛。”謂輔成王業者。自上柱國以下,武騎尉以上,凡一十二等謂之勛。《唐·百官志》曰:“勛官出於周、齊交戰之際,本以酬戰士,其後漸及朝流也。”

爵 謂公侯伯子男也。《文字音義》曰:“爵,量也;量其職,盡其才也。”始自伏羲氏。有五等,以法五行,三等者,法三光也。唐宋自王以下,開國男以上,凡一十二等也。

職官 謂有所執掌者。

散官 謂無執掌者。自一品至九品,凡一十八等。開府以下,榮禄大夫以上，文武並同。資德大夫以下，將仕佐郎以上，爲文散官。龍虎衛上將軍以下，進義副尉以上，爲武散官也。

大夫 《白虎通》曰："大夫之爲言大扶，扶進人者也。"《事始》云："《虞書》曰：天命有德，五服五章哉！"孔安國曰："與卿同也。"

郎 良才之稱也，始於秦。

將軍 應劭《漢官儀》云："將軍，周官也。"

校尉 《事始》云："周官也。"漢武帝依周置司隸校尉，名此始。

官稱

牧民官 司養百姓曰牧民。蓋取牧者能守養之義，路府諸州是也。

字民官 愛養百姓曰字民。蓋字者，撫也，表司縣撫育養民也。

親民官 臨民之官曰親。蓋親者，愛也，取愛養兆民之義。

守土官 晋杜預曰："土，①乃牧養之官。"

捕盜官 謂失盜去處當該之官也。②

巡捕官 謂不分地面，包括巡捕之官也。

命官 謂受國家恩命故也。

品官 謂已入九品正從者。

正官 謂諸司爲頭之官也。

士官 謂治獄之官也。

長官 謂諸司長上之官也。

官長 謂一方一所官之通稱也。

---

① "土"，原作"士"，據朝鮮本、明刻本改。

② "盜"，朝鮮本作"逃"。"該"，原作"讒"，據朝鮮本、明刻本改。諸捕盜職制見載《元史·刑法志》。

官吏 《韻》注:"受命於天曰天吏。受命於君曰官吏。"

長吏 古法:文稱爲吏,武稱曰將。今之牧守通稱也。①

長貳 謂正官、相副官之總名。

佐貳 謂相副協贊之官也。

幕職 漢曰幕府,即相副以下之官也。

吏員

省臺掾 尊官之屬,自秦有之。西漢曰掾史,東漢曰掾屬,今曰省臺掾。

令史 掌法贊治,記言述事者。周曰府史,秦曰令史。

書吏 五代時藩鎮始設也。

司吏 職掌曰司,治人曰吏。《周禮》曰掌官法以治民者。宋曰手分,金曰司吏。

知房 分掌六曹之稱。

本把 掌持案牘之稱。

譯史 通四方之言者。周曰象胥,後魏曰譯令史,金曰譯史。

知管 謂主轄綱領之稱也。

攢典 會計數目之吏也。漢曰倉庫吏,金、宋曰攢典。

吏人 謂請俸掌管文書者。

人吏 謂無俸貼書之類。

公吏 謂公人、吏人之通稱。

公人 謂倉庫稱掐、諸司祇候、公使、禁卒之類。

---

① "今",原作"令",據朝鮮本、明刻本改。

統屬

百司　謂上自省、下至庫務之通稱也。

有司　謂守土親民之司也。《語》云："出納之吝，謂之有司。"

監司　漢制，《左雄傳》曰："監司項背相望。"又晋徐邈與范甯書曰："擇公方之人以爲監司，則清濁能否，與事而明矣。"

職司　宋制，監司而稱職司。按隋蘇威曰："臣非職司。"唐陸贄曰："是以職司之内無成功。"其名始於隋前。

上司　管轄本所者謂之上司，言尊崇也。

子司　部内統屬之所謂之子司，猶父子相承也。

合屬官司　謂隨路所轄府州司縣也。

所屬官司　謂本身元附籍貫官司也。

所轄官司　即子司，謂上臨下也。

監臨　統攝案驗，謂之監臨。又，以尊適卑也。

主守　躬親保典，謂之主守。雖職非統攝，臨時監主亦是。

主典　謂主行文案之人也。

屬部　統屬之謂屬，本部之謂部。屬者，兼官吏士庶而言；部者，止於吏部。

所在官司　謂隨身所到處官司也。①

除授

遷除　改任曰遷，拜官曰除。

遥授　不釐公務之官也。俗云虚職。

---

①"到"，原漫漶不清，據朝鮮本、明刻本補。

兼權　併管别職曰兼，時暫攝行曰權。

攝行　權職曰攝，莅職曰行。

成考　莅事有成也。虞舜三載考績。

致仕　《白虎通》曰："臣以執事趨走爲職，七十陽道絶，耳目不聰明，故致其事於君也。"

品秩　官分等列曰品，職有次序曰秩。

清要　職慢位顯曰清，職緊位顯曰要。

稱職　謂勝任也。

躐等　謂不循資格驟遷者。

起復　謂喪制未終，勉其任用也。

舉留　謂善政異績，軍民相愛，乞留再任者。

世賞

承襲　相繼曰承，相因曰襲。

襲封　謂世代受此官也。如孔子之後衍聖公是也。

蔭補　謂藉親屬蔭補得官也。

封贈　生曰封，死曰贈。

質子　謂以子結信，今曰秃魯花也。

儤使　謂給畜於官者。①

---

① "畜"，朝鮮本同，明刻本作"事"。按《元史・選舉志三》："諸蔭叙人員，除蒙古及已當秃魯花人數别行定奪外，三品以下、七品以上、年二十五之上者，當儤使一年，並不支俸。…… 至大四年，詔：'諸職官子孫承蔭，須試一經一史，能通大義者免儤使，不通者發還習學，蒙古、色目願試者聽，仍量進一階。'"

廩給

俸禄 錢帛曰俸,米粟曰禄。

職田 《孟子》曰:“卿以下必有圭田。”隋開皇間始曰職田。

考功

殿最 《漢書音義》曰:“下功曰殿,上功曰最,有三十七等。”①

褒貶 推美曰褒,遠謫曰貶。

優劣 居上曰優,居下曰劣。

黜陟 退而不任曰黜,登而上進曰陟。《書》曰:“黜陟幽明。”

政事

國政 秉國之權也。昔湯任伊尹以國政。

治政 以理化俗曰治,以法正民曰政。

德政 利澤施民者也。

仁政 愛人利物者。

善政 不嚴而治,民懷其惠者。

公政 處事無私者。

寬政 明而仁恕者。

急政 執事刻急,如鷹擊毛者。

酷政 殘虐苛暴者。

苛政 處事繁細,如草而急者。

---

① “三”,朝鮮本同,明刻本作“二”。

蠹政　害於常法者。

墨政　《左傳》曰："貪以敗政爲墨。"貪則暗污，謂不潔白也。

弊政　謂敗惡也。

譎政　諸詐無恥者。①

教化　以道業誨人曰教。躬行於上、風動以下曰化。

風化　王者政教曰風，以德移民曰化。

巡按　古者天子四季巡狩郡國，後自漢高帝游雲夢之後，漸廢巡狩述職之制，故遣使以代之。今肅政廉訪司官每歲分各路巡按，即循狩義也。

風聞　《通典》曰："古御史臺不受訴訟，有通辭狀者，即於臺門外候，御史徑往門外收采，②知可彈者，③略其姓名，皆名'風聞訪知'也。"

五事

户口增　謂生齒之最，民籍增益，進丁入老，批注收落，不失具實，④若有流離，而能招誘復業者。

田野闢　謂勸課之最，農桑墾殖，水利興修者。

詞訟簡⑤　謂治事之最，聽斷詳明，訟無停留，獄無冤滯者。

盜賊息　謂撫養之最，屏除奸盜，人獲安居者。

賦役平　謂理財之最，取辦有法，催科不擾者。

① "諸"，朝鮮本、明刻本作"詭"。
② "收"，原作"拔"，據朝鮮本、明刻本及《通典》改。
③ "知"，原作"矩"，據朝鮮本、明刻本及《通典》改。
④ "具"，朝鮮本、明刻本作"其"。
⑤ "訟"，原作"訟"，據朝鮮本、明刻本改。

户計

儒　《説文》曰："柔也。"《司馬相如傳》注："有道術，皆曰儒。"

釋　《高僧傳》："出家從師命氏，佛曰釋迦牟尼，故僧謂之釋也。"

僧　《説文》曰："浮屠道人也。"《大藏一覽》："男曰僧。"漢始。

尼　《一覽》曰："女曰尼。"漢明帝時，婦人潘氏出家爲尼。

道　《琅書經》曰："人行大道，曰道士。"《黄帝内傳》有道士行禮之文。

女冠　《昇玄經》云："女冠，女道士也。"

五戒　凡出家者，必受五戒。謂一不殺生、二不偷盗、三不邪淫、四不妄語、五不飲酒，此爲五戒也。

士農　通古今、辯然否曰士，闢土植穀曰農。

工商　作巧成器曰工，通財鬻貨曰商。

醫　療人病者曰醫。《説文》曰："巫彭初作醫。"

卜　《元命包》曰："古司怪主卜，伏羲時有之。"今曰陰陽户。①

商賈　通四方之物曰商，居賣求利曰賈。又曰行賣曰商，②坐販曰賈。

稱民　蔡邕《獨斷》曰："天子曰兆民，諸侯曰萬民。今之令長，古之諸侯。③ 百乘之家曰百姓。百乘之家，子男之國也。④ 三代之時已稱之矣。"

怯憐户　謂自家人也。

土著户　《通鑑》注："言著土地而有常居，不隨畜牧移徙者也。"

---

① "卜元"至"陽户"，原脱，據朝鮮本、明刻本補。
② "又曰"，底本、朝鮮本皆脱，據明刻本補。
③ "今之令長古之諸侯"，底本、朝鮮本皆脱，據明刻本補。
④ "百乘之家子男之國也"，底本、朝鮮本皆脱，據明刻本補。

耆老 古曰父老。[1] 漢高帝入關與秦父老約法三章。

軍 《周禮》:"五師爲軍。"周制:天子六軍,諸侯大國三軍。《説文》:"隸人給事者。"歷代僉募之法不同。

---

① "父老",原作"公老",據朝鮮本、明刻本及文意改。

吏學指南卷之二

吴郡　徐元瑞君祥纂

儀制

制可　《史記》曰："下有司曰制，天子答之曰可。"

詔　《釋名》曰："照也。謂人愚暗，不見其事，以此示之，使昭然也。"始於秦。

赦　天子宥恕之，命與民更始也。始於舜。

宣　天子親賜誥命也。故無押字，以寶爲信。始於唐。

敕牒　天子制命也。《周官》六典王言之制有七，曰敕、牒、例、令、省、授，爲係敕王言，故用黄紙，宰相押字牒。

表　《釋名》曰："下言於上曰表，謂思之於内，表之於外也。"漢制。

奏　謂進言於君者。《釋名》曰："鄹也。鄹，狹小之言也。"

牋　《説文》曰："表識書也。"漢制。

啓　謂通達其意也。漢制。

旨判

立意於内，發言於外，曰旨；剖決是非，著於案牒，①曰判。

聖　唐陸贄曰："與天地合德曰聖。"

---

① "牒"，朝鮮本同，明刻本作"牘"。

懿　漢蔡邕曰:"温柔聖善曰懿。"

令　《獨斷》曰:"奉而行之曰令。"

鈞　掌承萬機之重曰鈞。《詩》云:"尹氏太師,維周之氐。秉國之鈞,四方是維。"

台　星應三公曰台。漢制。

尊　位高可貴曰尊。

裁　酌量制度曰裁。始於晚唐。

言語　直言曰言,論難曰語。發端曰言,答述曰語。

處分　《通鑑》注云:"區處曰處,分别曰分。"又,處者,至也,定也;分者,所當然也。

諸此謂此、欽此、奉此之類。

欽　《字寶》曰:"心不敢慢曰欽。"謂致恭也。

敬　《字寶》曰:"心不敢忽曰敬。"謂致誠也。

奉　遵依上命也。

承　受納其事。

蒙　仰戴上意也。

準　法則也,均平也。

據　謂依憑也。

得　事有所獲也。

璽章天子曰璽,諸侯曰章。

御寶　《釋名》曰:"印信也。"古者,尊卑共之。秦漢以來,天子曰璽，諸侯曰印。唐開元中，改璽曰御寶。①

印信 刻木爲驗曰印。《釋名》曰："信也。所以封物爲信驗。"漢制三公以下，有金、銀、銅三等之印也。

長條印 《通典》曰：北齊有"督攝萬機"長印，以木爲之，唯以印縫。其原始此。

木朱印 宋祥符中，詔寺觀及士庶之家，所用私記，並方一寸，雕木爲文，不得私鑄。②

公式

劄付 《演義》曰："櫛也。以木爲牒，簡牋之屬。"又剌著爲書曰劄，以文相與曰付。猶畀賜也。

咨 《左傳》曰："訪問於善曰咨。③"

符 《説文》曰：符者，信也。契合也。符之爲言扶也，兩相扶合而不差也，所以輔信於四方，猶命令也。唐制。

關 唐制：諸司相質問三曰關。謂開通其事也。

指揮 示意曰指，戒敕曰揮。猶以指披斥事務也。

牒 《韻》注："書版曰牒。"又，以劄寫書也。古者詞狀稱訟牒，④蓋非特官文書之稱耳。

咨呈 即咨申意耳。

咨申 謀於下，訪於上者。

申 伸也，明也。謂所告諄切也。

文解 謂發明事端申呈之異名。

---

① "寶"，原脱，據明刻本補。
② "鑄"，原作"諱"，據朝鮮本、明刻本及《宋會要輯稿》改。
③ "曰咨"，原漫漶不清，據明刻本補。
④ "牒"，原作"曰"，據朝鮮本、明刻本改。

付子　謂以文相與，頒行之義也。

付身　謂給授其文也。

批貼　批，示也；貼，券也。帛書也。

呈　謂布意達於尊者，又陳示其伏也。①

引　《漢志》曰："引者，信也。"蓋取信之文也。

移文　謂公文往來也。昔有《北山移文》，原恐此始。

海行　謂公事天下皆可以奉行者，故曰海行。

生熟事　宋真宗尹開封日，置判官、推官，以獄訟刑名爲生事，户口財賦爲熟事，其名此始。

公文　謂官遣文字，故曰公文。

發端

上天眷命　《傳》曰："尊而君之，則稱皇天。"《書》曰："皇天眷命，奄有四海，爲天下君。"欽惟聖朝，受天明命，肇造區夏，故曰上天眷命。應詔赦之首，表而出之。

長生天氣力裏　長生天者，謂天道久遠之義；氣力者，大也；裏者，内也。欽惟聖朝，荷天地之洪禧，奄有萬邦，薄海内外，悉皆臣屬，故曰長生天氣力裏。舊曰上頭天底氣力裏，或曰上天氣力裏。

大福蔭護助裏　大福，百順之名也；蔭者，庇也；護助，擁禦贊成也。欽惟聖朝，承列聖之丕祚，混一區宇，歷古所無，福庇黎元，咸遂生樂，故曰大福蔭護助裏。

斡魯朵裏　車駕行在之所，金帳之内也。

會驗　謂事應證案而行者。

照得　謂明述元因者。

---

①"伏"，朝鮮本、明刻本作"狀"。

契勘　謂事應推驗而行者。

勘會　謂事應檢察而行者。

看詳　謂審視辭理，善爲處決者。

拖詳　謂牽照案牘，詳論始末也。

披詳　謂博覽其義而處決者。

參詳　謂子細尋究也。

相度　謂詳審事理而議也。

結句

照詳　謂義明於前，乞加裁決也。

照驗　謂證明其事也。

謹牒　謂敬列其文於前也。

故牒　顏師古曰："故者，謂道其指義也。①"

主者施行　東漢順帝時天旱，尚書僕射黄瓊言得失，帝以其奏屬主者施行。

符到奉行　唐總章中，裴行儉等定銓注之法，令主者受旨奉行，各給以符。

階銜　《釋名》曰："梯級也。"官有尊卑，以此定位也。

狀詞

狀　《演義》曰："皃也。"以皃寫情於紙墨也。

執狀　持以備用也。

---

① "道"，朝鮮本同，明刻本及《漢書》顏師古注作"通"。

取狀　謂采彼情理也。①

送狀　予奪於此，從彼施行也。

告狀　述其情訴於上也。

單狀　簡略之義。

到狀　謂引用入官也。

招伏　招，猶昭也；伏，隱也。《湯誥》曰："罪人黜伏。"注云："桀知其罪，退伏遠屏。"顔師古曰："伏罪，謂舊罪陰伏未發也。"今之招伏，蓋彰明其罪也。

准伏　謂心願無争也。

承伏　謂甘當其責也。

服辯　服者，降服也；辯者，判也。舜舉四罪，而天下咸服，謂服其用刑之當也。今之服辯，蓋使犯人家屬知其犯服其罪也。

甘結　所願曰甘，合從曰結，謂心肯也。

詞因　《説文》曰：意内言外曰詞，事情所由曰因。

分析　謂開理其事，如破木也。五代將軍寇彦卿殺人，梁帝命其分析。

依准　謂從其所欲也。

依應　謂諾其所行也。

責狀　謂一一具説也。②　漢曰簿責。③

册籍

案牘　考察文驗曰案，書字之版曰牘。

---

① "彼"，明刻本同，朝鮮本作"服"。

② "具"，原作"且"，據朝鮮本、明刻本改。

③ "簿責"，《漢書》顔師古注云："以文簿次第一一責之。"

卷宗　事始所出，謂之卷宗。宋曰案祖。

案沓　謂文卷重重也。

公案　謂公事始末也。

文卷　謂聯編捲舒也。

文案　即文卷也。

簿　簿書也。記事之册，可以疏密也。

籍　謂書之總名也。

文册　古之簡牒，今之簿籍也。

文書　謂著於竹帛者。①

帳目　謂攢其數也。

葉子　匭數之文，如枝葉之片片也。始自於唐。

案驗　謂但經印押，堪爲憑據者。

籤表　謂判語簽貼也。五代范質爲相，恐臨文有誤，立此書判。

文字　依類象形曰文，形聲相合曰字。

文書　謂著於竹帛者。

公事　無私曰公，有所作爲曰事。

起數　公事發端曰起，人物多寡曰數。

名件　舉物之爲名，②分事之爲件。

款項　别其衷曲，分類事端也。

檢　《説文》曰："書署也。"《三蒼解詁》云："檢，法度也。"《爾雅》釋云：檢，模範也。《春明退朝録》："三司公文曰檢。"

抹子　簡切之文，便於塗抹。

貼説　删煩取要，以備呈覆。

---

① "文書"一條，下重出，朝鮮本同，明刻本此條居"文字""公事"間。

② "舉"，原漫漶不清，據朝鮮本、明刻本補。

似本 摹體真文也。

截白 整齊潔净之名。

事目 謂事之提綱也。取綱目、條目、節目、視目也。①

畫一 《漢書》:“蕭何爲法,講若畫一。”言整齊也。

云云 《漢·汲黯傳》:“吾欲云云。”顔師古曰:“猶言如此如此也。”

牓據

牓 書題揭名牓。② 漢曰標牓,猶稱揚也。

鏤牓 謂刻文遍示也。

板牓 謂昭示於木也。

手牓 謂片著示人也。

曉示 謂明論其事與衆共知者。

告示 謂預報通知者。

解由 考滿職除曰解,歷其殿最曰由。

憑由 謂叙其事因也。

文契 謂立約結信也。又刻也,刻其數也。《尚書》注:“以書契約其事。”

鈔書 取也。謂官取其物,給與照驗也。

勘合 即古之符契也。

公憑 謂官給憑驗也。

---

① “視目也”,明刻本同,朝鮮本作“之類”。

② “書題揭名牓”,朝鮮本、明刻本作“書題揭示曰牓”。

署事

判署　判謂掌判之官,署謂同署官吏。

押字　古者書名,破真從草,便於書記,難以模放。唐韋陟始以押字爲記。

議　謀之於衆曰議。黄帝有明堂之議,宜其始。

擬　謂揣度已定也。《易》曰:"擬之而後言。"

照　謂具見始末也。

行　謂事必爲理也。

會議　謂通衆商議也。

集議　謂諸司共籌也。

公議　公同共謀也。

僉議　謂咸共定議也。《書傳》曰:"議,皆也。"言衆人舉之也。

完議　謂一同聚議也。

聚會　衆共曰聚,時見曰會。

聚齊　謂同集一處也。

會集　謂諸司咸聚也。

會合　謂相期而偶也。

當該　承管曰當,事能詳備曰該。

假暇　喪病告限曰假,謂借勾當月日也;節朔旬休曰暇,謂公務空閑日也。

回避　謂事有嫌碍,應當自返者。漢蓋寬饒刺舉無所回避。

妨嫌　行則有碍曰妨,不平於心曰嫌。

宣諭　謂宣布教政也。

曉諭　謂明白開示也。

省諭 謂以言教成也。①

省會 謂此言彼解也。漢張良以兵書示人不省，惟高帝省之。

定奪 謂取決事務之義。《左傳》曰："一予一奪。"猶收放也。②

講究 謂發明義理，深求終始也。

更張 《漢書》："譬之琴瑟不調，甚者必解而更張之。"

禮儀

聖節 唐太宗以前有宴而無節，至明皇始曰千秋節。歷代節名不同。

賀正 《通典》曰："漢高祖定秦，以十月爲歲首。七年長樂宫成，制郡臣朝賀儀。"其名自此始也。

賀冬 《漢雜事》曰："冬至陽生，君道長，故賀也。"

朔望 《廣州記》："尉陀立朝臺，朔望升拜。"名此始也。

萬歲 《大雅》云："虎拜稽首，天子萬壽。③"始於戰國以來，臣下對君慶賀，呼曰萬歲。

山呼 漢武登中岳山，吏卒呼萬歲者三，所以號山呼也。

鞠躬 《曲禮》曰："身屈曰鞠。"蓋躬圭象人鞠躬形。又，恭敬也。

舞蹈 以手曰舞，以足曰蹈。

扣頭 即稽顙也。

習儀 學制禮也。④ 謂凡有大典禮，必預先習儀也。

失儀 謂行禮之所，言辭喧雜，坐立不正，不依儀式也。

---

① "成"，朝鮮本、明刻本作"戒"。
② "放"，原作"成"，據朝鮮本、明刻本改。
③ "壽"，朝鮮本同，明刻本作"歲"。
④ "學"，原作"舉"，朝鮮本同，誤，據明刻本改。

詳恕

哀矜　謂憫念也。
欽恤　《書》曰："欽哉欽哉，惟刑之恤哉！"猶憂念也。
寬宥　謂放免也。
原宥　謂恕免也。
姑息　謂苟且得安也。
原情　謂推其所犯也。
詳酌　謂論量也。
明降　謂取上裁決也。①
矜免　憐情原罪也。
憫恤　謂乞憐念也。
詳察　詳，審也；察，知也。唐開元間遣使詳察州縣。
詳情　謂參議其事也。
精詳　謂乞加究心議擬也。
可否　謂所見是與不是也。
長便　謂久有利益也。
順便　謂從而有益也。
便益　謂官民兩利也。
快便　謂簡捷可行也。
優恤　謂憐愍也。②
寬恕　即寬宥也。
寬貸　容緩也。吴孫權欲伐劉璋，劉備遣使乞寬貸。

---

① "上"，原作"止"，據朝鮮本、明刻本改。
② "愍"，原作"怒"，朝鮮本作"愍"，明刻本作"憫"，據改。

救災

賑給 謂官司將物斛散給於民而不收價者。

賑糶 謂饑年將糧減價糶與缺食人户也。

賑濟 賙救其急也。謂包括給糶二事,[1]以致借貸、減放、展閣之類,皆通用也。

賑借 謂民饑,官借以糧,不取利息,候成熟依數還官者。今曰抵斗還官者是也。

存恤 謂常加賑念也。杜預曰:“存恤憂患也。”

養濟 養謂養育,濟謂賙救。

三宥

不識 謂愚民不審,誤傷殺於人者。

過失 謂耳目不及,思慮不到,而誤中人者。

遺忘 謂法禁之所,偶有所犯者。

五戒

誓 《周禮》注:“用之於軍旅,以言析也。”

誥 用之於會同,以言告也。

禁 用諸田役,正使勿爲也。

糾 用諸國中,察其有犯也。

憲 用諸都鄙,表而縣之,布憲刑也。

---

① “二”,朝鮮本同,明刻本作“三”。

吏學指南卷之三

吴郡　徐元瑞君祥纂

三典周大司寇職掌以佐王邦國，詰四方。

輕典　新建之國，未習於教，故用輕典。

中典　平定之國，已熟於教，故用中典。

重典　暴亂之國，不率於教，故用重典。

三罪

公罪　緣公事致罪，而無私曲者。

私罪　不緣公事，私自犯者，若雖緣公事，意涉阿曲者亦是。

贓罪　犯贓濫致罪者。

三赦

老耄　謂年老昏耄者。

幼疾　謂年少微弱及三疾者。

蠢愚　謂癡騃不曉者。

五糾

野刑　《周禮》注:"上功糾力。"以成功爲上,以不致力爲糾察。

軍刑　上命糾守,以用命爲上,以不死守爲糾察。

鄉刑　上德糾孝,以成德爲上,以不致孝爲糾察。

官刑　上能糾職,以賢能爲上,不稱職爲糾察。

國刑　上愿糾暴,以謹愿爲上,以不致恭爲糾察。

五禁

宮禁　《周禮》注:"王宮之門,有符籍禁。"

官禁　官府有無故擅入之禁。

國禁　謂城中之禁也。

野禁　郊野田律之禁。

軍禁　謂軍旅有夜行之禁。

八議即周之八辟也。《禮》云:"八辟麗邦法,附刑罰。"

議親　王者宗室有犯刑法,則議其罪。

議故　謂議王之故舊罪也。

議賢　謂議有德者罪也。

議能　謂議有才者罪也。

議功　謂議有功勛者罪也。

議貴　謂議有爵位者罪也。

議勤　謂議勤勞王事者罪也。

議賓　謂議承先代之後，爲國賓者之罪也。

五科謂律、令、格、式、敇也。

律　《釋名》曰："累也。累人心，使不得放肆也。"《唐・刑法志》曰："人之爲惡，入于罪戾，一斷以律。"始皋陶造，隋定爲十二章。①

名例　主物之謂名，統凡之謂例。

衛禁　謂天子作屯衛以申警，設關禁以防奸也。

職制　謂設官置職，必以法度守之也。

户婚　户籍生齒之總，婚爲禮俗之本。

廄庫　廄蓄畜産，庫舍器弊，爲之防限，以謹國用也。

擅興　謂興戎動衆大事，人臣理不得専，以此防之也。

賊盜　禁防奸宄，②長善絶惡。

鬥訟　兩怒相犯曰鬥，兩辭相勝曰訟。

詐僞　謂詐以譎正，僞以冒真也。

雜律　摭諸篇之遺，糅群罪之目。

捕亡　亡捕不繫，罪惡侵長，建此捕亡，以絶厲階。

斷獄　此篇設諸律者，誠欲罰直其罪，人得真情也。

令　《唐・刑法志》曰："禁於未然曰令。"尊卑貴賤之等級，國家之制度也。《釋名》曰："領也，理領之，③使不得相犯也。"宋三十七章，金二十九章。

官品　職員　祠令　户令　學令　選舉

封爵　封贈　官衛　軍防　公式　禄令

---

① "造隋""二"，原漫漶不清，據朝鮮本、明刻本補。

② "禁"，原作"楚"，據朝鮮本、明刻本改。

③ "領"，原脱，朝鮮本同，據明刻本補。

儀制　衣服　倉庫　厩牧　田令　賦役
關市　捕亡　賞令　醫疾　假寧　獄官
雜令　釋道　營繕　河防　服制

格　《唐・刑法志》曰："設於此而逆於彼曰格。"百官有司之所常行者也。其章十。

公規　謂官府常守之制也。
選格　謂銓量人才之限也。
治民　謂撫養兆民，平理訴訟也。
理財　謂關防錢穀，主平物價也。
賦役　謂徵催錢物，均當差役也。
課程　謂整治鹽酒麯税之類也。
倉庫　謂謹於出納，收貯如法也。
造作　謂量督工程，確其物料也。
防盜　謂禁弭奸宄也。
察獄　謂推鞫囚徒也。

式　《唐・刑法志》曰："設於此而使彼效之，謂之式。"諸司常守之法也。宋有二十一章。金有六部式，即今公文之式也。

敕　《唐・刑法志》曰："治於已然謂之敕。"宋曰申明，金曰敕。各凡律令闕文者，條陳奏裁，定爲永格。

八例謂以、准、皆、各、其、及、即、若也。

以　罪同真犯謂之以。凡稱以者，悉同其法而科之。假如不枉法，二十貫以上，①三十貫以下，三十七下。解見任別行求叙。其風憲之官，

① "二十貫以上"，原脱，朝鮮本同，據明刻本補。

於任所並巡按去處，因而受人獻賀財物，以贓論，故與真犯同。

准　止准其罪謂之准。凡稱准者，止同以贓計錢爲罪。假如官吏毋得指克敵爲名，取要一切撒花拜見禮物，如違並准贓論，故曰止准其贓定罪，不在除名倍贓之例。①

皆　罪無首從謂之皆。凡稱皆者，不以造意隨從人數多寡，皆一等科斷也。假如强盗殺人，罪無首從，並皆處死者是也。

各　各上其事謂之各。凡稱各者，彼此各上其事而已。假如和誘人口者，各斷一百七下，②蓋爲買主、賣主各上其事，③同科此罪也。

其　反於先義謂之其。夫犯罪之人，或先有事而後無事，或先是而後非，文意相礙，而不相通，曲直相背，而不相入，若此之類，故稱其以别之。假如僞造寶鈔，但是同情並合處死，④其買使、分使者，斷一百七是也。

及　事情連後謂之及。夫事陳於前，義終於後，連言數事而總之以一，若此類者故稱"及"以明之。假如結攬税石及自願令結攬與官司者，並斷案打奚罪戾是也。

即　即者，條雖同而首别陳，蓋謂文盡而後生，意盡而後明也。假如見血爲傷，⑤非手足者，其餘皆爲他物，即兵不用刃亦是。所謂條雖相因，⑥事則别陳也。

若　若者，文雖殊而會上意，蓋因其所陳之事而廣之，以盡立法之意也。變此言彼而未離乎此，捨内言外而未離乎内。假如私宰牛馬，正

---

① "倍"，朝鮮本同，明刻本作"陪"。

② "各"，原作"一"，據朝鮮本、明刻本改。《唐律疏議·名例》："若和同相賣者，謂兩相和同，共知違法。"《元典章·禁誘略》："和同相賣爲奴婢者，各斷一百七。"

③ 以上三處"各上其事"之"上"，朝鮮本同，明刻本作"主"。

④ "情"，原作"清"，據朝鮮本、明刻本改。《元史·刑法志》作"諸僞造寶鈔，……但同情者皆處死"。

⑤ "如"，原漫漶不清，據朝鮮本、明刻本補。

⑥ "條"，原漫漶不清，據朝鮮本、明刻本補。

犯人決杖一百，仍徵鈔二十五兩充賞。若馬牛不甚爲用者，①依上申官，辯驗印烙開剥。若禁月内宰殺者，並合一體斷罰。所謂文雖殊而會上意也。

較名

明其用法字義也。西晋明法掾張斐撰有二十等焉。②

故　知而犯之謂之故。假如知畜牲能踢齧人，不標幟羈絆而故放，令殺傷人者是也。

非　不知而犯謂之非。假如主司公事失錯，原情不涉於私，是意以爲然而非故也。

謾　違忠欺詐謂之謾。假如密有征討，而告賊消息，是違忠也。又如知而隱欺，及有所求避之類，不以實告者，是欺詐也。

詐　背信藏巧謂之詐。假如知津河深濘，③橋船朽敗，而詐云津河平淺，橋船牢固，是背信也。又如犯禁者，不知有罪，教令人誤相墜陷，是藏其巧詐也。

不敬　虧神廢節謂之不敬。假如盜大祀神御之物者，是虧損於神也。又如對捍制使而無人臣之禮者，④是廢臣節，故爲不敬也。

鬥　兩訟相趨謂之鬥。且如相争爲鬥，相擊爲毆，兩相忿争因而毆傷者，是名兩訟相趨也。

戲　兩和相害謂之戲。假如以力共戲，終須至死，⑤和而不相嗔恨而致死者，是和而相害也。

賊　無變斬擊謂之賊。假如謀殺人者，謂二人以上同心計謀，潛行

---

① "甚"，朝鮮本、明刻本作"堪"。
② "掾"，原作"據"，據朝鮮本、明刻本及《晋書》改。
③ "詐假"，原漫漶不清，據朝鮮本、明刻本補。
④ "捍"，原漫漶不清，據朝鮮本、明刻本補。
⑤ "須"，朝鮮本同，明刻本作"虽"。

屠戮。《書》云殺人曰賊，是無變斬擊，乃賊害也。①

過失　不意誤犯謂之過失。假如有人於幽僻去處，耳不聞人聲，目不見人出入，因於本處投磚瓦及彈射，因而傷於人者，②是名不意誤犯也。

不道　逆節絶理，謂之不道。假如造畜蠱毒，邪見左道，是逆其正節也。又如殺一家三人及支解人，是棄絶人理，此等有乖正道，並爲不道也。

惡逆　凌上僭貴謂之惡逆。假如毆擊父祖，是凌上也。又如臣下將圖逆節，而有謀君之心，是僭貴也。

戕　將害未發謂之戕。戕者，殘也。謂人已懷惡心，秘圖損害，③是爲殘賊也。

造意　唱首先言謂之造意。假如數人同犯一事，斂財共與，先用意謀斂者爲首，其餘爲從，是唱首先言爲造意也。

謀　二人以上謂之謀。稱謀者，二人以上同心叶謀也。若謀狀彰明，雖一人同二人之法。

率　制衆建議謂之率。假如勢要之人獨建計謀，妄託名目，斂衆人之物，或餽與人，或自入己之類，是名制衆建議率斂也。

強　不和謂之強。假如恐喝詐欺，及以威若力，或與人藥酒，使其狂亂取財者，並爲取與不和，故名強也。

略　攻惡謂之略。假如略人者，謂設方略而取之，是攻行凶惡之事，而謂之略也。

群　三人以上謂之群。假如稱衆者三人以上，始成群衆也。

盜　取非其物謂之盜。假如公取竊取皆爲盜，④此等皆是取非其財，故曰盜也。

贓　財利謂之贓。假如以私財物畜産之類貿易官物者，合計所得

---

① “賊害”，原漫漶不清，據朝鮮本、明刻本補。
② “彈射因”，原漫漶不清，據朝鮮本、明刻本補。
③ “秘”，朝鮮本、明刻本作“欲”。
④ “取皆”，朝鮮本同，明刻本作“用者”。

之利，以贜論罪戾也。

字類謂依、同、加、減、如、止、聽、從、仍、並、論、坐也。

依　照其正犯謂之依。凡稱依者，謂所犯照其正犯科斷也。假如諸客販鹽，引數外夾帶，及引不隨行者，依私鹽法科罪是也。

同　比類真犯謂之同。① 凡稱同者，謂所犯與真犯相類也。假如劫墓賊人，已發壙冢者同切盗，②開棺槨者同强盗，殘毁尸首者同傷人是也。

加　罪就重次謂之加。凡稱加者，謂於本罪之上增加其罪也。謂如糾彈衙門官吏犯贜，比之有司官吏加一等是也。

減　罪就輕次謂之減。凡稱減者，謂比之正犯減等得罪也。假如犯私鹽者科徒三年，決杖七十，財産一半没官，決訖發下鹽司帶鐐居役，犯界鹽貨減罪一等是也。

如　義明於後謂之如。凡稱如者，謂前意雖舉而收結其事於後也。假如投下并諸色户計遇有刑名詞訟，從本處達魯花赤管民官約會本管官斷遣；如約會不至，就便斷遣是也。

止　無所加及謂之止。凡稱止，謂坐罪止此，不可復加於他人也。假如犯界，酒一十瓶以下，追罰鈔二十兩，決二十七下；一十瓶以上，追罰鈔四十兩，決四十七下；③酒雖多，罪止杖六十，罰鈔五十兩是也。

聽　從人所欲謂之聽。假如典賣田宅，欺昧親鄰，④雖過百日，亦聽依價收贖。又云婦人夫亡，服闋守志，并欲歸宗者，聽其舅姑，不得一面改嫁者是也。

從　酌情就罪謂之從。凡稱從者，驗所犯輕重，就得其罪也。假如

① “比”，原作“此”，朝鮮本同，據明刻本及文義改。
② “切”，朝鮮本同，明刻本作“竊”。
③ “二十七”“四十七”之“七”，朝鮮本同，明刻本皆作“以”。
④ “欺”，原漫漶不清，據朝鮮本、明刻本補。

諸造作官物,工畢之日,其元給物料雖經覆實,①而但有所餘者,須限十日呈解還官;限外不納,從隱盜官錢法科是也。

仍　罪應頻坐謂之仍。凡稱仍者,謂本罪之外應須頻坐者。假如僞造寶鈔者死,首告者賞銀伍定,②仍給犯人家産,故曰罪應頻坐也。

並　情無輕重謂之並。凡稱並者,謂不分彼此,首從輕重皆合得罪也。假如諸差科皆用印押公文,其口傳言語科斂者,不得應副;違者所取雖公,並須治罪是也。

論　理爲正罪謂之論。凡稱論者,謂因有所犯,理成正罪也。假如各處遇納秋糧,縣官不得拘留糧米,③以點綱爲名,取斂錢物;違者計臟論罪是也。

坐　罪有相連謂之坐。如家人共犯,罪坐尊長是也。

十惡

謀反　謂謀危社稷者。

謀大逆　謂謀宗廟山陵及宫闕。

謀叛　謀叛背國從僞。

惡逆　毆及謀殺父母兄姊之類。

不道　毆非死罪三人,④及支解、蠱毒、厭魅。

大不敬　盗誤御物,無君臣之禮。

不孝　毆詈祖父母、父母之類。

不睦　謀殺及賣緦麻以上親等。

不義　殺本屬官長、受業師等。

---

① “元”,原漫漶不清,據朝鮮本、明刻本補。
② “伍”,朝鮮本同,明刻本作“五”。
③ “米”,原作“采”,據朝鮮本、明刻本改。
④ “毆”,朝鮮本、明刻本同。按《唐律疏議》《元史·刑法志》作“殺”。

内亂 奸小功以上親、父祖妾。

七殺

謀 二人對議。

故 知而犯之。

劫 威力強取。

鬥 兩怒相犯。

誤 出於非意。

戲 兩和相害。

過失 不意誤犯。

六贓

以強盜 比同強也。

以盜論 比同竊也。

以枉法 比同枉法。

不枉法 受有罪人錢,判斷不曲者。

受所監臨財物 監臨之官,不因公事,受所監臨財物者。

坐贓 非監臨主司,因事受財者。

六色

真強盜 謂以威若力。①

---

① “力”,原作“刀”,據朝鮮本、明刻本改。本書《較名》篇釋“強”作“以威若力”,《唐律疏議》亦作“力”。

真竊盜　謂潛形隱面。

真枉法　謂曲法受財。

准盜論　謂准爲盜論。

恐喝　謂告訐取財。

詐欺　詭譎曰詐，誣罔曰欺。

五流《書》云："五流有宅，五宅三居。"

加役流　髡髮而配役者。

反逆緣坐流　反逆之人，罪及親口。

不孝流　聞喪不哀、詈繼慈母之類，得流者。

子孫過失流　不意誤犯尊長，得流者。

會赦猶流　謂身雖會赦，猶得流者。

五宅　下音咤，是種獄器，①謂桎一、梏二、拲三也。

三居　謂流之三服也。凡去邦畿四千里曰夷服，五百里曰鎮服，又五百里曰蕃服，皆流放於遠地以居之也。

三度②謂度關三等也。

越度　謂關不由門，津不由濟者。

私度　謂由門改濟，而無過所者。③

冒度　謂雖有過所，而冒人名者。④

---

① "種"上，明刻本有"五"字。
② "三"，原作"二"，據朝鮮本、明刻本及目録改。
③ "過"，原作"没"，據朝鮮本、明刻本改。
④ "人名"，原漫漶不清，據朝鮮本、明刻本補。

吏學指南卷之四

吴郡　徐元瑞君祥纂

贓私

取受　因事受財謂之取受。《曲禮》曰："臨財無苟得。"蓋恐傷其廉節而玷其行，故立法以制之也。①

論贓　納賄曰贓。《孟子》曰："可以取，可以無取，取傷廉；可以與，可以無與，與傷惠。"則古人不獨戒其非義而取也，至於以財物與人者，亦必求其義焉。雖然，非義取之而與財之人，又有情非故犯可矜者，名有數等，開列於後。

彼此俱罪　謂取與不應者。假如枉法、不枉法及受所監臨財物並坐贓者，取與既各得罪，其贓並合没官。

取與不和　謂恐喝、詐欺、乞索、率斂之類，本非有意他求，其贓並合給主。

行求　謂凡是公事，各依正理，輒有請求，情涉規避，其贓並合没官。

盜贓　不以強竊，但係官物者還官，私物還主，若無主仍没官。

---

① "立"，原漫漶不清，據朝鮮本、明刻本補。

倍贓　謂盜一而取二也。

犯禁　謂應禁兵器、禁書、寶印之類，及私家違制并榷貨之物，俱各犯禁，並合没官。

生産蕃息　謂婢生子，馬生駒之類。①

轉易他物　謂本贓是驢，回易得馬之類。

興生出舉　謂以財出舉而得利潤者。

饋遺　以食餉人曰饋，以物贈人曰遺。

闌遺　闌，遮也。路有遺物，官遮止之，伺主至而給與，否則舉没於官。

賄賂　送財曰賄，受遺曰賂。又曰苞苴並行。晋琅邪王道子交通請託，賄賂公行。

貨賄　金玉曰貨，布帛曰賄。

關節　《漫録》曰："下之所以通款曲於上者，曰關節。"又《唐摭言》云："造請權要，謂之關節。"漢曰關說。

受賕　謂曲法致賂也。

過度　與人過財也。《方言》謂之涉濟，猶舟船涉濟，其事得遂也。

贓濫　納賄曰贓，猥雜曰濫。

泛濫　非理生事也。猶水之延漫浮遍溝瀆也。

逾濫　謂非理污淫也。

私濫　謂不公而錯雜也。

侵漁　謂網取民財也。《漢・宣紀》："小吏俸禄薄，欲無侵漁百姓難矣。"

漁奪　譬漁獵設網而奪民財。《漢・景紀》："漁奪百姓。"

---

① "駒"，原作"駒"，據朝鮮本、明刻本改。見載《唐律疏議・名例》"以贓入罪"。

蠶食　《漢・宣傳》:①"豪強大姓,蠶食無饜。"師古曰:"猶蠶食葉也。"

贜污　謂贜染也。

狼籍　多受贜賄者,謂之奸贜狼籍。《演義》曰:"物雜亂皃。"言狼起卧游戲,多籍其草而皆縱横穢亂也。

請求　凡是公事,各依正理,輒有所求,規爲曲法,謂之請求。

請託　謂以事干求也。

奏裁　謂犯贜之人,必須聞奏取旨,以奏决者。

當免　謂以官當罪也。

除名　謂官除其品職吏名,其所役與民一體也。

勒停　謂任其職役,不許勾當也。

罷役　謂吏有所任役使者。

罷職　謂官人所執掌者。

不叙　謂既犯贜私,職役已罷,雖有前資,再不叙用也。

革罷　革,變也;罷,休也。謂本非官設人員,革除不用也。

濫設　官吏公使人等,在格各有員數,而或署置過限,是名濫設。

首過

四首　過而不改,斯成過矣。有咎自陳,名之曰首。

自首　謂事未發而先陳者。漢曰首服,謂首陳其罪而服也。五代曰自首,謂服其過也。

出首　謂事將彰露,未經取問而首者。②

---

① "漢宣傳",朝鮮本、明刻本同。此處指《漢書・鮑宣傳》。

② "首",朝鮮本同,明刻本作"出"。

代首　謂遣人代名而首者。

不准首　謂如奸盜傷人越關之類，及於物不可備償并先已事發者。

悔過　謂昔非今是也。伊尹放太甲於諸桐，悔過自責反善。

改過　即悔過也。

悛改　去惡從善也。又悛者，止過也。《左傳》曰："内外以悛。"

改正　過而能改，錯而能正，名曰改正。謂以嫡爲庶，以庶爲嫡，以奴爲子，以良爲賤，違律爲婚，私入僧道，詐免徭役。及增減年紀，侵隱田園，脱漏户口，公事失錯，私罪枉被愆犯者，雖會恩並合改正。

叙復　述其衷曲曰叙，挽回元職曰復。①

法例

刑法　刑者，罰也；侀者，成也。上是刑罰之刑，下侀是例體之侀，言刑罰之刑加之侀體也，如人之成就容貌，容貌一成之後，若以刀鋸鑿之，斷者不可續，死者不可生也。法者，國家所以布大信於天下者也。司馬公曰："國保於民，民保於信，非信無以使民，非民無以守國。"

典刑　國法也。商太甲顛覆典刑。

刑罰　太公受封於齊曰："王者使臣，非爵禄則刑罰也。"

三尺法　《漢·杜周傳》："不循三尺法。"孟康曰："古者以三尺竹簡書法律於上，所謂竹刑也。"

條例　《字寶》云："一律相比也。"以此類攀引決事也。

斷例　晋杜預曰："法者，繩墨之斷例，非窮理盡性之書也。"

令甲　顔師古曰："令甲令乙，若今之第一第二篇也。"

大扎撒　謂依條例法度也。

---

① "元"，原作"亢"，據朝鮮本改，明刻本作"原"。

酌古准今　謂前後相並也。漢董仲舒策曰:"以酌古准今也。"

行事舉例　《漫録》曰:"行事舉例起於晋。"

舞文弄法　舞猶弄也。漢張湯好興事,舞文弄法。

刑統　刑者,正萬邦之令甲,革萬姓之非心也。統者,合古今大小之隸于法者也。

金科玉條　即刑法書也。

條貫

謂三千條貫也。教法曰條,規繩曰貫。《漢書》云:"奚必同條而共貫。"

墨罰之屬千,劓罰之屬千,剕罰之屬五百,宫罰之屬三百,大辟之屬二百。總而計之,三千條也。《尚書》注:"周穆王命吕侯所制,後爲甫侯,故稱甫刑也。"

四罪

帝舜舉四罪,天下咸服。

流　流共工於幽洲,謂於北裔水中可居之洲也。

放　放驩兜於崇山,謂放於南裔之山也。

竄　竄三苗於三危,謂竄於西裔三危之地也。

殛　殛鯀於羽山,謂誅之於東裔海中之山也。

五刑 贖銅附

黄帝之刑

鞭扑　杖刑也。

鑽鑿　鑽,臏刑,去膝蓋骨也;鑿,黥刑也,墨面。

刀鋸 刀，割劓也；鋸，刖刑，斷足也。

斧鉞 斬刑，軍戮也。

甲兵 以六師誅暴亂也。

舜刑

象以典刑 《尚書》注："刑，法也，法用常刑，用不越法。"謂畫象而民知禁也。

金作贖刑 人有過誤，使入金贖罪也。

扑作教刑 不勤道業則撻之，即榎楚收其威也。

鞭作官刑 以鞭爲治官事之刑。

流宥五刑 宥，寬也。以流放之法寬五刑也。

怙終賊刑 怙恃其惡，終不悛改，賊害於人則殺矣。

周刑

墨 黥也。割其面以墨捏之，使其守門，無妨禁衛也。

劓 截其鼻使守關，謂其貌醜遠之也。

剕 即刖刑也。使守囿，謂斷足驅衛禽獸，無急行也。

宫 淫刑也。男子則割勢，女人則幽閉，使守内，謂其絶人道也。

大辟 死罪也。辟字從尸辛，所以制節其罪也；從口，用法也。有七等：一曰斬，誅之以斧鉞；二曰殺，以刀刃棄市；三曰搏，去衣磔之也；四曰焚，燒殺也；五曰辜，磔之也；六曰踣，斃之於市肆也；七曰罄，縊之於隱處。

漢刑

笞 箠也。漢文以代肉刑，景帝自五百減至二百。

耏 音而，謂罪不至髡，完其耏鬢，止去其頰毛也。二歲役刑。

完　謂不加以肉刑，而髡剃爲城旦舂。① 四歲刑也完。

髡　孝文定律："當黥者，髡鉗爲城旦舂。"

死　高帝約法"殺人者死"，有三等：一曰棄市，謂當斬右趾及殺人者；二曰磔，謂戮而張尸於市也；三曰三族，謂誅及三族。

魏刑

贖　有十一等。

罰金　有六等。

雜抵罪　有三等。②

作　居役也。有三等。

完　有三等。

髡　有四等。

死　有三等。

晉刑

輸贖　輸金贖罪也。③

髡作　詳見"漢刑"。

棄市　詳見"肉刑"。

斬　詳見"周刑"。

梟首　詳見"肉刑"。

梁刑

贖罪　用金絹贖罪也。

笞　詳見"漢刑"。

耏　詳見"漢刑"。

髡鉗　五歲刑。

---

① "剃"，明刻本同，朝鮮本作"鬄"。

② "三"，朝鮮本同，明刻本作"七"，《晋書・刑法志》作"七"。

③ "金"，明刻本下有"絹"字。

死　謂棄市、斬、梟首者也。①

北齊刑

杖　三等，自一十至三十。

鞭　撾馬杖也。有五等，自四十至一百鞭。

耏　五等，自一歲至五歲。

流　鞭之百，投之邊裔。重者鞭背，輕者鞭臀，有六年之刑。

死　重者轘之，輕者梟首。

後周刑

杖　自一十至五十。

鞭　自六十至一百。

徒　自一年至五年。

流　自二千五百里至四千五百里。

死　五等，謂罄、絞、斬、梟、裂。

隋唐金宋刑

贖銅　即輸贖也。自唐、宋以來，定數不等。今國家定例，每一下罰鈔一兩，其贖例有四等。

聽贖　謂犯罪之人情有可矜者。

罰贖　謂犯公罪而贖免者。

收贖　謂老幼疾病之人應收贖者。

蔭贖　藉親蔭而收贖罪者，所謂藉蔭親屬也。

笞　捶擊也，恥薄也。言人有小過，法須懲戒，微加捶撻以恥之。漢用竹，今用楚，②即荆也。隋制五等，自一十至五十，唐、宋、金皆同。

---

①“者”，原漫漶不清，據朝鮮本補。

②“用竹今”，原漫漶不清，據朝鮮本補。

杖　持也。言人執持，可以擊人者。古者用鞭，今時用杖。隋制五等，自六十至一百，唐、宋、金皆相同也。

徒　奴也，蓋奴辱之。《周禮》云："其奴男子入罪隸，女子入于舂槀，置之圜土而教之者是也。"隋制三等，自一年至三年。至唐增一年半，①二年半，改爲五等。② 金增四年、五年，通爲七等。

流　《書》云："流宥五刑。"謂不忍刑殺，③宥而竄於邊裔，使其離别本鄉，若水流遠而去也。隋制三等，自一千里至三千里。宋改爲二千里至三千里，金相同。

死　二等，隋、唐、宋、金皆同。一曰絞，謂身首不殊，纏縛而縊者。二曰斬，謂以刀刃殺殊其身首者。

雜刑

腐　宫刑也。謂丈夫割去勢，不能復生子，猶如腐木不生實也。

三族　秦文公法有三族罪，謂父母、兄弟、妻子，或曰父族、母族、妻族。

髡鉗　謂去犯人髮，以鐵束項也。《周禮》注云："貨財積於隱處，使髡者守之。"

奴屬　周時爲奴者，男子入於罪隸，任之以事，謂治城隍也；女子入於舂槀，謂作米也。凡有爵，及年七十以上，未齔者，皆不爲奴。

撻　擊也。《周禮》曰："撻其怠慢。"

加杖　謂犯徒役，家無兼丁者，加杖准徒決放。

刑措　措，訓置也。謂將犯法之人肆于市令衆，使人不復犯法，則刑具措置而不用，是用刑以期無刑也。

---

① "唐"，原脱，據朝鮮本補。
② "改"下，朝鮮本有"謂"字。
③ "謂"，朝鮮本無。

薰胥　晉灼曰:“從人得罪,相坐之刑。”若今之干連人也。①

令衆　即刑措也。

蔡　音蔡。流放罪人曰蔡。乃周法也。

魑魅　老物精也。王莽復井田,非其議者,投諸四裔,以禦魑魅。

籍没　謂斷没家私也。隋制。

抄劄　即籍没也。

鬼薪　漢令役人取薪給宗廟,三歲刑。

謫運　梁徒役也。男子謫運,女子質作。

配役　宋文面流刑。今帶鐐居作是也。

白粲　漢令役人坐舉米,②使之白。三歲刑也。

顧山錢　漢婦人犯罪,當於山伐本,③聽使入錢顧役也。

城旦舂　漢法:旦者,男子旦起行治城;舂者,婦人舂作米也。

編管　宋法:不文面而流者,謂之編管。

抵罪　《漢·高紀》:“傷人及盗抵罪。”服虔曰:“隨輕重制法也。”李奇曰:“傷人有曲直,盗賊有多少,罪名不可豫定,故凡言抵罪,未知抵何罪也。”顔師古曰:“抵,至也,當也。”

記罪　漢尹翁歸爲東海太守,凡奸邪罪名各有記籍,④吏民皆服。

斷按打奚罪戾　謂斷没罪過也。

---

① “今”,原作“令”,據朝鮮本、明刻本改。

② “舉米”,朝鮮本同,明刻本作“擇粲”。按《漢書·惠帝紀》云:“上造以上及内外公孫耳孫有罪當刑及當爲城旦舂者,皆耐爲鬼薪白粲。”應劭曰:“取薪給宗廟爲鬼薪,坐擇米使正白爲白粲,皆三歲刑也。”

③ “本”,當爲“木”之誤。

④ “各”,原作“名”,據朝鮮本、明刻本改。

吏學指南卷之五

吴郡　徐元瑞君祥纂

肉刑餘死罪附

殺　戮也。神農殺諸侯夙沙氏。

戮　殺也。黄帝擒戮蚩尤。

冎　古瓦切。謂剔人置其骨也。唐安禄山反，執常山太守顔杲卿冎之。

凌遲　即冎也。謂碎臠支體，身首異處。

支解　《漢紀》注：謂截其四支也。

醢　葅其骨肉也。商紂醢九侯。

亨　鼎鑊之刑也。齊哀公亨於周。①

誅　《釋名》曰："罪及餘曰誅。②"帝堯誅三苗君。

族誅　平除其族也。商紂有誅及九族之條。

赤族　《漢書》注曰："流血丹其族。"顔師古曰："見誅殺者必流血，故曰赤族。"

---

① 兩"亨"字，朝鮮本同，明刻本皆作"烹"。

② "及"，原作"治"，朝鮮本同，據明刻本及《釋名》改。《釋名》曰："罪及餘人曰誅。誅，株也，如株木根，枝葉盡落也。"

誅夷　《賦釋》曰："誅者，罪連一宗；夷者，殺及九族。"周刑。

爰及五屬　謂刑及五服之親也。漢靈帝爰及黨錮五屬。

典　没罪過也。①

具五刑　漢令曰："黥、劓、斬趾、梟首、殖骨，曰具五刑。"秦法。

五虐　蚩尤性酷毒，作五虐之刑。謂車裂等類。

車裂　殺而分尸也。商鞅殘酷，秦人殺而車裂之。

分尸　支解其體也。漢分王莽尸。

鑿顛　謂刃鑿人腦頂也。秦商鞅法。

炮烙　商紂造熨斗、火坑之刑。

抽脅　謂抽人脅肋。秦商鞅法。

梟　斬首懸於木上。漢梟彭越之首。

腰斬　以刃斷腰也。秦腰斬李斯。

剿　勞師誅殺。《書》曰："天用剿絶其命。"

轘　《左傳》注："車裂曰轘。"

棄市　刑人於市，與衆棄之。棄市，秦法。

傌　音罵。漢賈誼曰棄市之法也。

肆　《文選》注："殺人陳其尸。"

斫　斬擊也。蜀張飛欲斫嚴顔首。

炙　晋大將軍穎炙殺長沙王艾。

撲　以囊盛人而殺。秦法。

脯　殺人以肉爲乾。紂脯鄂侯。

鋸　以木解人也。唐李克用鋸孫揆。

僇　音溜，戮也。秦法。

擣　機舂也。梁侯景以犯法者擣殺之。

① 此條原脱，據朝鮮本、明刻本補。

坑　陷也。秦白起詐坑趙降卒。

剭　漢誅大臣於屋下，謂不露天也。

横分　顏師古曰："身首分離也。"

刭　《選》注："以刀割曰刭。"

格　擊死也。漢蔡遵格殺舍中兒。

拉　摧折也。宋武帝拉殺諸葛長民。

天　睽卦，《釋文》："刺鑿其額曰天。"

抵死　《漢·文紀》："細民之愚，无知抵死。"師古曰："抵，觸也，亦至也。"

沉命　應劭曰："沉，没也，没其命也。"

斧質　《項籍傳》："身伏斧質。"師古曰："質，鍖也。古者斬人加於鍖上而斫之也。鍖，竹林切。"

首級　秦法，斬首，一首進爵一級，故曰首級。

殊死　漢律，斬刑也。

鉗灼　《江充傳》："燒鐵鉗灼強服之。"

剥皮　《後晋紀》注："刻割也。"

瘐　《漢》注："囚以饑寒死者曰瘐。"

纍　《楊雄傳》注：①"諸不以罪死曰纍。"

獄名繫囚之所也。

獄　犬者，狗也。《易》曰："艮，止也。"艮爲狗，狗善警吠，止禦，故"獄"字從二犬也。又《釋名》曰："确也，實确人之情僞也。"皋陶所造。

牢　《釋名》："言所在堅牢也。"師古曰："係重囚之處也。"《通鑑》

① "傳"，原作"舊"，朝鮮本同，據明刻本改。

注："牢，閉也，所以固有罪。"周文王曰："幽閉牢阱。"

禁　《周禮》曰刑禁也。又制人之所也。

監房　即禁之異名也。

夏臺　又曰均臺。夏桀囚湯使於臺。

羑里　又曰動止。商紂囚周文王於羑里，在相州鄴都。音酉。

囹圄　《釋名》曰："囹，領也；圄，禦也。領録囚徒禁禦也。"周獄名。又曰幽圄。

圜土　周成王獄城也。築其牆，表其圜形，以教民也。又名曰圜牆。

圜扉　即圜土也。所以拘非，故從非。

棘木　《易》："係於徽纆，寘於叢棘。"《周禮》注："樹棘者，取其赤心而外刺也。"

狴犴　犴，胡犬也，爲能守，故以獄爲犴。《詩》云："宜岸宜獄。"《古語》曰：①"獄牢曰狴。"《漢・孝》曰："鄉亭之獄曰犴。"

虎穴　《漢・尹賞傳》曰地牢酷處謂之"虎穴"。

黄沙　晋武帝置獄，名曰黄沙。

獄市　漢曹参曰以獄市爲寄。

深室　《左傳》謂囚室曰深室。

隱室　秦始皇隱宫徒七十餘万人於室，又曰隱宫。②

請室　《漢・賈誼傳》："造請罪之室。"

居室　《漢・灌夫傳》曰："繫居室。"

蠶室　漢犯宫刑者，下蠶室，謂取其温密也。

頌繫　頌，音容。《漢書》注："頌者，密也。"言見寬容但處曹吏而

---

① "古"，朝鮮本同，明刻本作"家"。

② "又"，原作"文"，據朝鮮本、明刻本改。《史記・秦本紀》："隱宫徒刑者七十餘萬人，乃分作阿房宫或作驪山。"

不入狴犴也。師古曰"不桎梏",即今之監於吏舍取問者。

獄具

桎梏　木在手曰梏,手械也,所以告天;木在足曰桎,足械也,所以質地。① 黄帝所置。

拲　音拱。《刑統賦》注:"兩手同一械曰拲。"

杻　即梏也,轉手貌也。宋、金定制。

鐐　即帶鏈鎌刀也,形象鍥而無柄,連鏈於足,以限役囚步也。遼制有鎖無鐐。金章宗始定,定鐐連鐶,重三斤。

鉗鈦　音第。《漢·陳咸傳》:"私解脱鉗鈦。"師古曰:"鉗在頸,鈦在足,皆以鐵爲之。"鉗,其炎切。

械繫　桎梏也,漢高帝擒韓信,械繫歸洛陽。

露車　陳制:死罪將決,乘露車,著三械,加拲手。

檻車　載囚之車也。又曰篋輿,以板四周,無所通見。謂極刑也。漢貫高檻車送長安。

枷　較也,交木爲之。始自後魏。唐宋以來,方定三等斤重。

桁楊　《莊子》注曰:"枷夾其頸曰桁楊。"

鎖　漢之鐵鋃鐺也。金始制其丈尺。

錮身　重繫也。始於周,宋以盤枷代之也。

缿筩　項筒也。漢趙廣漢置,以投書。宋添鉗鐵,改爲獄具。

盜械　漢法,以罪著械,稱爲盜械。

胥靡　胥,相也;靡,隨也。又曰靡繫。漢以徒囚聯繫,使相隨而服役,即今之伴鎖也。

三杖　謂笞杖訊也。始於漢文,歷代大小不同,至金始定作三等

① "質",原作"資",朝鮮本同,據明刻本及《周禮音義》改。

之制也。

箠楚　杖曰箠，荆曰楚。①

敲扑　短杖曰敲，捶擊曰扑。

孟青　唐侯思止謂決囚大杖曰"孟青"。

榎楚　《初學記》曰："山榎曰榎，荆杖曰楚。"謂收罪人之威也。

縲絏　又曰纍紲。黑索曰縲，拘攣曰絏。師古曰："縲，係也；絏，長繩也。"②

徽纆　三股繩曰徽，二股繩曰纆。

剾刀　刑人之刀也。漢虞詡曰："寧伏剾刀。"

㬪指、腿夾　宋嶺南用，今仍存。

腦箍、脚夾、麻棍　今用拷囚。

加刑

三木　頭首手足枷繫也。漢曰三木囊頭。

木人　鎖伴罪人也。今禁也。

五毒　漢陸續坐獄，身被五毒，謂械、桎、梏、繩、鎖也。

反接　漢樊噲受詔反接，謂反縛雙手也。

面縛　謂縛手於後，而正見其面也。

係緤　賈誼曰用長繩係囚也。

搒笞　上音彭。《張耳傳》："吏搒笞數千。"謂捶擊也。

拷掠　漢法，謂搒笞而問也。

跪芒　宋嶺南用，今禁矣。

---

① "荆"，原作"制"，據朝鮮本、明刻本改。《七修類稿》卷四四云："箠楚，杖曰箠，荆曰楚。"

② "纍紲"至"繩也"，原漫漶不清，據朝鮮本、明刻本補。

疻痏　上音侈，下音鮪。應劭曰：以杖手擊人，皮膚腫起而無創瘢者，謂之疻痏。

獄持宿囚　唐酷吏以囚泥耳籠頭，枷研楔（音先結切）轂（音許角切），摺膺籤爪，懸髮薰耳，①號曰獄持。節食緩閒，晝夜揺撼，使不得眠，名曰宿囚。

羅織　唐酷吏網羅無辜，將囚倒懸石縋，以醋灌鼻，鐵圈束首，火甕鐵籠，逼追服罪，此等之名皆曰羅織，謂本罪之外非理凌虐也。

絣　謂以繩捆縛也。

扒　謂控首也。

弔　謂繩束也。

拷　謂掠問也。

聽訟

五聽　《禮》云："民之獄訟，以情求之，其聽有五。"

辭聽　謂觀其出言不直，則煩亂也。

色聽　謂觀其顔色不直，則赧然赤也。

氣聽　謂觀其氣不直，則喘戰也。②

耳聽　謂觀其聽聆不直，③則惑疑也。

目聽　謂觀其眸視不直，則眊然不明也。

兩造　《禮》云："以兩造禁民訟，入束矢於朝。"注："百矢爲一束。④必入矢者，取其直也；不入矢者，則自服不達也。"

兩劑　《禮》云："以兩劑禁民獄，入鈞金然後聽。"注云："金三十斤

---

① "髮"，原作"法"，朝鮮本同，據明刻本改。
② "喘"，朝鮮本同，明刻本作"惴"。
③ "聽"，朝鮮本同，明刻本作"所"。
④ "束"，原作"東"，據朝鮮本、明刻本改。

爲鈞，必入金者，取其剛而不變也。”

三刺 《禮》云：“殺也。”以三訊而定罪，若衆言可殺則殺，可宥則宥也。“一曰訊群臣”，先問卿大夫；“二曰訊群吏”，謂次問府吏胥徒也；“三曰訊萬民”，然後問於萬民。

五父

親 謂生我身之父也。

養 謂繼立我之父。遺抱者同。

繼 謂親父亡而母再醮者。

義 謂受恩寵結拜之類。

師 謂受業之師也。

十母

親 謂親生我身者。

出 謂生我之身，爲父離異者。

嫁 謂親母因父亡改適者。

庶 謂母非正室而生我者。

嫡 謂我以妾所生，故以父正室曰嫡。

繼 親母已亡，父再娶者。

慈 謂妾無子，及妾子之無母，而父命爲母者。

養 謂出繼他人爲子者。

乳 謂曾乳哺我身者。

諸 謂伯叔母之通稱也。

老幼疾病

襁褓 謂一歲二歲小兒衣也。又曰小兒。衣曰襁,[1]籍曰褓。

黄悼 三歲曰黄,七歲曰悼,悼謂憐愛其幼也。

齠齔 上音條,下音櫬。女子八歲毁齒曰齠,男子七歲毁齒曰齔。

幼笄 男子十五曰幼,年尚少也。女子十五曰笄,婦人之簪也。

稱中 男子十五歲曰稱中。

成丁 男子十七歲出幼,二十成丁,謂可以力役也。

弱冠 男子二十曰弱冠,謂弱其事也。

壯強 男子三十歲曰壯,有室也。四十歲曰強,而仕也。

艾耆 五十曰艾,謂容顔蒼色也。[2] 六十曰耆,言至老境無從力役也。

老耋 下徒結切。七十曰老,蒿也,謂年高而言亂也。八十曰耋,鐵也,謂皮膚變黑,色如鐵。

稱耄 《曲禮》曰:“八十、九十曰耄。”謂惛忘也。

期頤 百歲也。期,猶要也;頤,養也。謂不知衣服食味,孝子當致養而已。

疾病 終身之恙。藥石難療者謂之疾,偶有所苦曰病。

膏肓 心下曰膏,鬲下曰肓。

藥石 圓散曰藥,[3]鍼砭曰石。

藥餌 攻疾之物曰藥,可以服食曰餌。

診視 切脈曰診,察色曰視。

---

① “衣”,朝鮮本同,明刻本作“繃”。

② “也”,原作“二”,據朝鮮本、明刻本改。

③ “圓”,朝鮮本同,明刻本作“團”。按王好古《湯液本草·用圓散藥例》云:“仲景言剉如麻豆大與㕮咀同意。”《武林舊事》記作坊行販“熟藥圓散,生藥飲片”。

平復　體安曰平，還元曰復。

痊可　謂病除也。

殘疾　謂一目盲，兩耳聾，手無二指，足無三指，手足無大拇指，久漏下，重大癭腫也。

廢疾　癡、啞、侏儒、腰脊、折一支疾者。

篤疾　惡疾、①癲狂、二支折、雙目盲之類。

五服

五服者，象天有五星，地有五岳，陰陽有五行，刑法有五等，故喪服有五名也。蓋服者，言死者既喪，生者制服，貌以表心，服以表貌。

三年　實二十七個月。蓋得三年之氣一閞，天道終也。有二等。

斬縗　喪服不言裁割，而言斬者，謂取痛甚之義。

齊縗　裳粗緝而剪裁成也。

期年　實一十二個月，②謂應天道之四時，如物有終始也。有二等。

杖期　男子服用竹，婦人服用桐。

不杖期　謂服不用杖也。

大功九月　功者，治布之功，有精粗也。九月者，應天道一時之氣，如春種秋成也。

小功五月　布精者也。爲服於輕，不成一時也。

緦麻三月　服之輕者曰緦，謂治其布縷如絲，其服容貌可也。

袒免　無服之親也。《禮》注云："袒者謂不服布而裳袒。"謂有幘帽之狀也。

---

① "惡"，朝鮮本同，明刻本作"啞"。
② "一"，原作"二"，據朝鮮本、明刻本改。

三殤《説文》曰：未成人而死曰殤。男子已娶，女人已嫁，皆不爲殤。

長殤　十九歲至十六歲，①其服九月及三月。

中殤　十五歲至十二歲，其服七月止三月。

下殤　十一歲至八歲，其服五月止三月。

服制

正服　謂正先祖之體，本族之服也。

義服　謂元非本族，因義共處者。如婿服妻之父母，緦麻之類。

加服　謂本服輕而加之於重。如嫡孫承祖之類。

降服　謂合服重而從輕也。如男出繼，女適人，母被出之類。

報服　謂尊卑互相報服也。

親姻

宗族　同姓曰宗，同支曰族。

考妣　《曲禮》曰："生曰父母，死曰考妣。"考者，成也，言其德行之成也。妣之言媲也，媲於考也。

祖宗　《説文》曰：始曰祖，尊曰宗。故禮有大宗、小宗，謂相繼爲主也。

昭穆　《魯語》曰："明者爲昭，其次爲穆。"《書》云："父曰昭，子曰穆。"

箕裘　謂承祖父之業者。《禮》云：良弓之子，必學爲箕；良冶之

---

① "至"，原作"止"，朝鮮本同，據明刻本及《喪服》改。

子,必學爲裘。

兄弟 《釋名》曰:兄,荒也;①弟,悌也。

諸孫 内孫七等:一曰孫;二曰曾孫,謂猶重也;三曰玄孫,言親屬微昧也;四曰來孫,言猶往來也;五曰䍕孫,音昆,言䍕後也;六曰仍孫,謂仍重也;七曰雲孫,言其無服如浮雲輕遠也。外孫三等:一曰外孫,謂女之子也;二曰離孫,謂外甥之子也;三曰歸孫,謂女子兄弟之孫也。②

妻妾 《曲禮》曰:妻者,齊也,齊其夫之體者。篇注:妾者,③接也,因得接見於君子。④ 謂雖接陰陽之道,終不繼祖先祭享也。

姊妹 《釋名》曰:姊者,恣也;妹者,未也。

妯娌 即娣姒也。幼婦呼長婦曰妯,長婦呼幼婦曰娌。

舅姑 即公婆也。舅者,舊也;姑者,故也。謂尊稱也。

姑姨 《爾雅》曰:父之姊妹曰姑,妻之姊妹同出曰姨。同出謂已嫁也。

舅甥 舅之言舊也,尊長之稱。《詩》云:"我送舅氏。"《左傳》注曰:"姊妹之子曰甥。"謂甥猶生也。

夫婦 以道扶接曰夫,以禮屈服曰婦。又"婦"字从女从帚,謂奉箕帚洒掃也。

三從 謂婦人有三從之稱也。在家幼時從父兄,出嫁則從夫,夫死則從子也。

四德 謂婦人有四德也。一曰遠和鄉里,二曰近睦六親,三曰上孝舅姑,四曰下敬子孫也。

贅婿 猶人身體之有肬贅也。《秦紀》:"家貧子壯則出贅。"今有

---

① "荒",原作"兄",朝鮮本同,明刻本作"況",皆誤,據《釋名》改。

② "兄",原作"元",朝鮮本同,據明刻本及文意改。

③ "注",原作"洋",朝鮮本同,據明刻本改。"妾",原脱,朝鮮本亦脱,據明刻本補。

④ 此《禮記·内則》篇鄭注。

四等焉：一曰養老，謂終於妻家娶活者；二曰年限，謂約以年限，與婦歸宗者；三曰出舍，謂與妻家析居者；[1]四曰歸宗，謂年限已滿或妻亡，并離異歸宗者。

接脚夫　謂以異姓繼寡婦者。

婚姻　婦之父母曰婚，婿之父母曰姻。《説文》曰："禮，娶婦以昏時，故曰婚。"《白虎通》曰："婦人因人而成，故曰姻。"

姻亞　兩婿相謂曰亞。《詩》云："瑣瑣姻亞。"言亞者，謂一人取姊一人取妹，相亞次也。

親戚　《釋名》曰：[2]"父黨曰親，母黨曰戚。"

親眷　服屬曰親，親屬曰眷。

親疏　有服曰親，無服曰疏。又相近曰親，相遠曰疏。

瓜葛　謂瓜葛藤蔓，喻親戚綿延也。

伉儷　相敵曰伉，相配曰儷。

户婚

同居　謂同財共居者。

異居　謂各别而居者。

本生　謂本支父母也。

本宗　謂先立異姓子女，後棄還其本生者。

還俗　謂僧道犯罪歸宗者。

歸俗　僧道無罪，自願歸宗。

近親尊長　謂本家親堂伯叔兄也。

本宗尊長　同宗異居諸族之長。

---

① "析"，原作"折"，據朝鮮本、明刻本改。

② "名"，原脱，據朝鮮本、明刻本補。

脱户　率土黔庶皆有籍書，若全家並不附籍，謂之脱户。

漏口　户有數口，止報一二，規免課役，謂之漏口。

别籍異財　謂祖父母、父母在堂，而子孫另居營業者。

義絶　伉儷之道義期同穴，一與之齊終身不改，苟違正道是名義絶。

七出　婦人所犯而出之也：一曰無子，謂絶世也；二曰淫泆，謂亂族也；三曰不事姑舅，謂逆德也；四曰口舌，謂亂親也；五曰盜竊，謂反義也；六曰妬忌，①謂亂家也；七曰惡疾，謂不可供奉粢盛祭先也。

三不去　婦人雖犯七出，而有三不去之名：一、曾持舅姑之喪；二、娶時賤後貴；三、有所受，無所歸。有此三者，難以離之。

良賤爲婚　人各有偶，色類雖同，良賤既殊，豈宜配合？苟有所犯，離之正之。

違律爲婚　依法不許違律，其有故爲之者，是名違律爲婚。

本房　謂一家之内，伯、叔、兄、弟數房同居，除己身父母、妻、子孫及婦爲本房外，其伯叔之類皆非也。

本家　謂一家之内，不分本房、别房，但同居者皆是，異姓者非。

紹業　謂承繼其産業也。

復業　蜀先主定成都，法正諫曰："民罹兵革，田宅皆可歸還，令安居復業。"

---

① "妬"，原作"姑"，據朝鮮本、明刻本改。

吏學指南卷之六

吴郡　徐元瑞君祥纂

獄訟争罪曰獄，争財曰訟，《易》注云：“反争也。”言之於公也，故訟字从言从公也。

雀角鼠牙　言人遭訟，謂之雀角鼠牙之撓。《毛詩·行露》注云：①“雀有味而無角，鼠有齒而無牙。”故以雀言獄、鼠言訟也。

鬥毆　相争曰鬥，相擊曰毆。

傷損　見血曰傷，見痕曰損。

罵詈　惡言凌辱曰罵，穢語相詬曰詈。

争競　兩鬥相辨曰争，兩强相逐曰競。

詛詬②　謂互相罵詈也。

相侵　謂兩共傷害也。

手足　謂以手足毆傷人者，舉手足爲例，頭擊之類亦是。若撮挽鬢髪、擒領、扼喉亦同毆例。

他物　謂以杵棒、磚石之類傷損於人者，即兵不用刃亦是。若以堅硬皮靴鞋踢人及以蛇、蜂、蝎螫人者，並以他物論罪也。

---

① “行”，原作“竹”，朝鮮本同，誤，據明刻本及《詩經》改。

② “詛”，明刻本作“相”。

湯火　謂以湯火之物及銅鐵汁害於人者。

刃傷　謂以金鐵,無大小之限,①堪以害人者。

兵刃　謂以弓箭、刃稍、矛、鑽、殳、戟之屬害於人者。

穢污　謂以臭穢之物污人頭面及填塞口鼻者。

拔髮　稱拔髮方寸者。謂量無髮之所,縱横徑各滿寸。若方斜不等,圍繞四寸爲方寸。若不滿方寸者,止從毆法。② 其拔鬚鬢以致偏缺,雖不及寸,亦准拔髮方寸爲坐。

墮胎　謂因驚毆墮落胎孕者。須辜内子死,方坐此罪。若雖墮胎,子未成形,止從本毆法,别無墮胎之罪。

折支　斷而猶連,謂之折支。謂傷折人肢骨,不堪執物者。

破骨　謂毆傷破人骨節者。

眇目　謂虧損其目而猶見物者。

瞎目　謂損其目,全不見物者。

髡髮　謂以物割截人髮者。

内損　謂毆人頭面,其血從耳目出,及毆人身體,内損而吐血者。

跌體　謂傷人骨節蹉跌,失其常處者。

自傷殘害　《孝經》云:"身體髮膚,受之父母,不敢毁傷,孝之始也。"先王立法,不獨禁其損傷於人,而自傷殘害者亦所不容。蓋自傷有成殘疾者,有不成殘疾者,避事者,有非避事者,全在用法臨時推意决之。

家人共犯　謂一家數人共犯非違,其罪止坐尊長也。按《名例》云:"諸家人共犯,止坐尊長。若侵損於人,以凡人首從論。"假如父子,③合家同犯侵損於人之罪,並依凡人首從之法科斷,似難獨坐尊長。

須告乃坐　律設大法,禮緣人情,蓋夫妻相毆,本出於其一時忿

---

① "之"下原衍一"之"字,據朝鮮本、明刻本删。
② "止",原作"土",據朝鮮本、明刻本改。《唐律疏議》作"止"。
③ "如",朝鮮本同,明刻本作"有"。

争，初非心懷怨惡而鬥。苟不致死，雖夫妻之父母兄弟訴之於官府，皆不坐罪。若被毆自告，則其心有憾，而恩義亦可見矣，然後依法科之。

親聞成詈　凡爲守令，聽斷雖明，不能使人無怨。人之有怨，則不能無詈，先王所謂退有後言，人情所不免者。苟詈之於耳所聞，目所親見，方合以罪科之。若或詈於他人之前，傳説而知，即與間諜譖愬無異，並宜勿論。

相須不相須　相須者，謂因人所毆致傷，理合保辜也。不相須，謂雖因相毆，而下有僵仆，或恐迫而傷，此則不因毆而有傷損，故難令犯人保辜也。

毁敗陰陽　謂因鬥毁人陰陽，致孕嗣廢絶者。若孕嗣不絶者非。

侵損　侵謂盜竊財物，損謂鬥毆殺傷之類。①

傷人要害　謂傷人頭、面、胸、肋、臍、腸、虚怯去處者。

絶時而傷　謂忿争之後，各已分散，聲不相接，去而復來殺傷者。

增加罪狀　謂誣構平人，情規陷害者。

健訟　《易》曰："險而健訟。"謂好争也。

倆疑　謂事涉疑似，虚實難憑者。

告訐　《賈誼傳》："告訐，相斥罪也。"趙廣漢受吏民投書，使相告訐。

匿名　謂隱匿己名，假人姓字，潛投犯狀，以告人罪者。漢曰匿名。

反坐　謂告人罪而涉虚，以其罪而罪之者。

誣告　謂造虚詞情規陷害平人者。

悖逆　凌犯長上曰悖，忤意曰逆。

詆觸　訶斥曰詆，唐突曰觸，所犯輕於詈也。

咆悖　謂聲怒相抗，不順處分者。

---

① "殺"，原作"投"，朝鮮本同，據明刻本改。

告訴　謂伸其詞理也。王莽政煩,不理告訴者多。

陳告　敷告曰陳,啓訟曰告。

稱奸　淫犯非理曰奸。

稱孕　《素問》曰:“女子二七而天癸至,月事時七七而天癸絶。①”又《律義》曰:“婦人五十以上不復乳育,故婦人年十四以下、五十以上不得稱孕。”

保辜　保辜者,即保其罪名也。謂傷損於人也,依例保辜;限内死者,各依殺人論;其在限外,及雖在限内以他故死者,各依本毆傷法。

伏辜　謂伏其罪也。

陳繳　謂兩詞相攀也。漢劉向《别録》曰“繳紛争言”。

紊煩　謂詞訟亂而不簡也。

愆犯　有過曰愆,誤觸曰犯。

冤枉　抑屈曰冤,以直爲曲曰枉。

結案　《漢・孟嘗傳》:“結竟其罪。”《鄧通傳》曰“竟結”,謂其結公案也。

償命　謂以死酬報也。

決罰　科斷曰決,贖罪曰罰。

歸結　謂事應杜絶也。

歸斷　謂事應究竟致罪者。

裁斷　謂剖決也。漢將軍蘇建戰敗欲斬,衛青曰:“職雖當斬,令自裁之。”

讎嫌　舊有怨曰讎,事有碍曰嫌。

窒礙　於條相違曰窒,於理有礙曰礙。

違礙　謂事不合條也。

---

①“時”,朝鮮本同,明刻本作“至”。

違戾　謂背正行邪，自乖其罪也。猶咈其意也。

違犯　謂背其正道，干冒禁條也。

禁斷　謂明立罪賞，使人毋犯也。

禁治　謂文雖有禁，罪無的條者。

懲戒　設法禁止曰懲，防於未然曰戒。

約束　立法拘制謂之約束。《爾雅》注謂以法圍繞束縛人也。齊田穰苴申明約束。

酷法　謂用刑苛虐。《漢・袁紹傳》曰"篣楚兼并"，又曰"五毒俱至"。

他法　謂因拷囚立文，本法止有訊囚荆杖，①其餘悉爲他法。

折證　分剖曲直曰折，指明事始曰證。

顯證　謂知見争端之人也。漢曰左驗，又曰證左。《漢・楊惲傳》曰"左驗明白"，②言其當時在左右，知其事也。曰"在旁知狀"，③謂之見證。

元告　謂始訟人者。

被告　謂爲人所訴者。

犯人　謂本身被告，應合坐罪者。

罪人　謂身有愆犯者。古者"罪"字從自從辛，秦以"辠"字相體"皇"字，故改爲"罪"。昔夏禹見罪人磨問。

干犯　謂相因致罪者。《漢・后紀》曰：即保其罪。④

干連　謂無罪被累者。秦有知見連坐法，⑤《梁商傳》曰"辭所連

---

① "止"，原作"正"，據朝鮮本、明刻本改。

② "曰"下，原衍"惲傳曰"，據朝鮮本、明刻本删。

③ "曰"上，朝鮮本、明刻本有"又陳遵"三字。按《漢書・游俠列傳》載漢宣帝賜陳遵璽書曰"妻君寧時在旁知狀"。

④ "漢后紀曰即保其罪"，朝鮮本同，明刻本作"漢紀后曰坐染其罪"，皆誤，當作"漢后紀曰坐染其罪"。按："即保其罪"與"干犯"之釋義無涉，或因上"保辜"釋義而誤。《後漢書・皇后紀》載："(郭)嵩卒，追坐染楚王英事，國廢。"

⑤ "被累"至"見連"，原漫漶不清，據朝鮮本、明刻本補。

染也”。①

家屬 内曰家,親曰屬,謂同居有服之人也。

尸親 謂死者之親也。宋曰血屬,今曰尸親,又曰苦主,取被害之義也。

家口 父母、妻子并子之妻,謂之家口。

鄰首 鄰謂左右比鄰之家,首謂坊正主首之類。

仵作 中人也。仵者,偶也;作者,任事也。《爾雅》曰:“偶者,合也。”陰陽相合則成偶,謂得中也。“仵”字从人从午,故萬物至午則中正也。又午位屬火,火明破諸幽暗,所以仵作各中人也。②

召保 謂安養聽候也。

知在 謂常川存留也。

覊管 謂寄留以養也。

隨衙 謂日逐守其公衙聽對也。

推鞫

鞫問 推窮獄訟曰鞫,詢其情狀曰問。

推問 窮究曰推。謂已有告言,事類推潤而問者。

歸問 指趨曰歸。謂指證所告,歸一而問者。

審問 詳考是非曰審。謂結成文案,再須詳情而問者。

録問 音慮,思也,疑也,審其冤滯。謂不限文案已成未成,必須審問者。

詢問 咨訪而問者。謂兼聽也。

廉問 即詢問也。昔侯生譏秦,使人廉問盡坑之。

案問 謂未有告言,理須立案而問之。秦始皇案問諸生。

---

① “連染”,原漫漶不清,據朝鮮本、明刻本補。

② “各”,朝鮮本、明刻本同。按,據文意當爲“名”之誤。

考問　謂加刑也。漢趙飛燕考問班婕妤。①

訊問　謂事有疑似,理合訊究而問者。又上問其下曰訊。

追問　謂事應追究而問者。

會問　謂事關他司,理須取會而問者。

根問　究其本末也。謂雖有告言,事尚隱諱,而合問者。

磨問　謂事應研窮而問者。

體問　謂訪其端由而問者。

取問　謂采彼事情也。

勘問　謂事應推鞫者。

詰問　責誚也,又究也。《左傳》曰“子盍詰盗”。

駁問　謂案節不完,執意不同,理須駁難而問者。

擘問　《韻》注:“擘,開也。”即研窮磨問也。

隔問　謂兩不覿面而問者。

究問　謂深求其情也。

對問　兩相對鞫也。古“對”如此,漢文以言多非誠,乃去口從士。②《賦》注云:“問鞫則情易見,偏聽則辭難窮。”

約問　謂投下相關,應須相期而問者。

就問　謂如甲事到官,而又問乙事者。

劾問　謂推窮其罪也。《晋書》問法有罪也。

舉問　謂偶有愆犯,必須呈舉而問者。

聚問　謂大辟案成,長吏聚録而問者。

盤問　謂再三窮詰也。

---

① “問”,原脱,據明刻本補。

② “士”,明刻本同,朝鮮本作“二”。按《説文》:“對,譍無方也。从丵从口从寸……對,對或从士。漢文帝以爲責對而爲言,多非誠對,故去其口以从士也。”

理問　謂治獄審鞫通稱也。蓋事之有理，如物之有脈，①循之則治，逆之則亂，故曰理也。

情狀　發之於中，察而知之曰情；形之於外，見而知之曰狀。

平反　謂録囚覆奏，使罪從輕也。漢戾太子録囚多平反。

詳讞　推究曰詳，評議曰讞。凡諸獄疑者，雖文致於法，而人心不厭，必須申詳議其罪者。

研窮　深究曰研，盡情曰窮。

鍛鍊　《刑統釋文》曰："鍛鍊成罪，由屈曲架構也。"猶精熟也。言深文之吏入人之罪，猶工冶陶鑄精熟也。

雜鞫　謂窮覈其罪也。

訊掠　《通鑑注》：笞問也。

疑獄　謂虚實之證等，是非之理均，或事涉疑似，②傍無證見等類。

良賤孳産

貴賤　身高位尊曰貴，卑下無位曰賤。《刑統賦釋》曰："貴賤之賤，君子有時居之。"

良賤　名編户籍，素本齊民，謂之良；店户、倡優、官私奴婢，謂之賤。《刑統賦釋》曰："良賤之賤，小人亦恥爲之。"

人口　同居親屬曰人，役使軀賤曰口。

官監户　謂前代以來配隸相生，或今朝配役，隸屬諸司州縣無貫者，即今之斷按主户是也。其斷没者，良人曰監户，奴婢曰官户。

雜户　謂前代以來配隸諸司課役者。並不同百姓之屬。

部曲　此等幼無所歸，投身衣飯，其主以奴畜之，别無户籍，難隨

---

① "脈"，原漫漶不清，明刻本作"抵"，據朝鮮本及文意補。

② "涉"，原作"治"，據朝鮮本、明刻本改。《唐律疏議》作"涉"。

本主籍貫，若此之類，名爲部曲，及其長成，許得通娶良人。

客女　謂婢經放良，並出妾者。其部曲之女亦是。

倡優　伎樂曰倡，諧戲曰優。所謂伎樂歌舞之家也。

店户　謂親當旅舍，及停止倡伎之類。

佃客　謂治田分利之人也。

媒保　謀合成婚曰媒，相託信任曰保。

隨身　斷約年月賃人指使。古爲隨身，即今典雇身良人也。

童僕　《説文》："男子有罪曰奴，奴曰童，女曰妾。"皆從童僕者，給事之人也。

軀口　謂被俘獲軀使之人。古者以罪没爲奴婢，故有官私奴婢之分。《荀子》云"臧獲"，①即奴婢也。此等並同資財，故《刑統賦》曰："稱人不及於奴婢。"其所生子女謂曰家生軀口，若軀口自買到軀口謂之重口，蓋此流亦同財産。

户下户　謂奴婢放良，仍隨本主籍貫，津貼差發之人。

游手　《唐·李翱傳》謂不田而飽之人也。

好閑　謂不事生業之人。

惡少　《通鑑》注："閭閻無賴年少者。"又非良善之稱。

事産　營業謂之事，家財謂之産。

孳畜　生育乳化曰孳，積藏蓄養曰畜。

頭匹　牛羊之類曰頭，駝馬之類曰匹。

蕃息　孳生畜産，謂之蕃息。

蕃殖　生息頭口曰蕃，滋貨種蒔曰殖。

碾磑　上語騫切，磨上轉石也。下五對切，磨下定石也。

邸店　收藏物貨曰邸，賣物之處曰店。

---

① "臧"，明刻本同，朝鮮本作"臧"。

勾稽

稽遲　留滯曰稽，不速曰遲。

稽留　謂合施行而停滯者。

稽程　謂事有程限而不依期者。

稽緩　謂事應捷速，故有遷延者。

違慢　事有乖戾曰違，心所怠墮曰慢。

耽誤　事近而故遠曰耽，稽緩而乖謬曰誤。

失錯　差謬曰失，乖誤曰錯。

差池　事不相值，謂之差池，謂錯謬也，又曰差池。《詩》云："燕燕于飛，差池其羽。"

疏虞　慢事曰疏，誤事曰虞。

疏失　謂不爲用心，事致差繆者。

疏漏　謂房院舟楫失於修治者。

疏脱　輕易敗事，謂之疏脱。

怠慢　謂懶惰稽遲也。

玩慢　謂欺弄官事也。

打脱　謂事不幹濟，猶物自解也。

失誤　應報不報曰失，妨於指准曰誤。

破説　謂飾言分剖也。

推調　情涉窺避，謂之推調。又推者蕩也，譬用手推開其事也。

虚調　不實曰虚，飾詞曰調。

破調　謂裝飾虚文也。

淹延　久留曰淹，久遠曰延。

遲滯　事久不報曰遲，停止所行曰滯。①

稽滯　謂滯留其事也。

逗遛　謂稽緩不進也。

違限　謂事有程限，過期不至者。

刁蹬②　謂事應速而故意蹭蹬而阻滯者。

體量

收頓　謂安放如法也。

收貯　謂積藏如法也。

收受　謂兩平交納也。

寄收　謂附留之物也。

附收　謂未作正數之類。

稽考　計較曰稽，檢察曰考。

考較　謂稽察其不等也。

比附　以物相並曰比，依憑爲則曰附。

比較　謂相並計算也。③

比對　兩相比並也。

會計　謂總合而籌之也。

檢視　謂看視強弱也。

檢量　謂度量畝步也。

檢察　謂察辨是非也。

檢踏　謂親歷田疇也。

---

① “所”，朝鮮本同，明刻本作“不”。

② “刁”，明刻本同，朝鮮本作“刀”。

③ “算”，明刻本同，朝鮮本作“等”。

檢覈 謂體究虛實也。

估計 謂估細價直,計其數目也。

計料 謂量度工料也。

分揀 謂辨別壯弱也。①

相視 謂逐一檢覷也。

體覆 謂究覆虛實也。

發落 謂明白散付也。

禁制

私造 謂兵器之類,無故私造者。

私有 謂兵器禁書之類,舊有而蓄之者。

賭撲 謂博以取財,起盜之源也。

禁書 謂天文圖讖之類。

鐘禁 《刑統》云:"閉門鼓後,開門鼓前,謂之犯夜。"唐韋永貽詩云:"三條燭盡鐘初動。"如此則唐已鐘禁矣。

屠宰 殺物曰屠,烹物曰宰。

漏泄 謂走透事情也。

---

① "壯",原漫漶不清,明刻本作"好",據朝鮮本及文意補。

吏學指南卷之七

吴郡　徐元瑞君祥纂

捕亡

應合殺捕　逃亡之徒，罪有殊等，重者合殺，輕者合捕，故曰應合殺捕。若雖合殺而已被拘執，應合告而輒捕繫者，官有禁文，案文爲理。

許人告捕　謂如謀叛、造僞、賊盜、強奸、般販鹽酒等類，雖係旁人，皆得告捕，故曰許人告捕。

許人告發　謂如人犯違禁，應須聞官追唤者，謂之許人告發。

許人捕繫　謂如犯罪逃亡及應合告捕之事，相去官司遠夐，若候上聞，前人必致走逸，是以先行捉獲，然後聞官，故曰許人捕繫。

逃亡　避罪僻處曰逃，竄伏他境曰亡。

逃竄　避罪潛匿，謂之逃竄。《漢書》曰："奉頭鼠竄。"

走透　人已逃脱曰走，物不能隔而泄曰透。

亡命　命者，名也。謂脱其名籍而逃亡於深山迥澤者。漢陳平起於亡命。

縱逸　容緩曰縱，故放曰逸。

撒放　容縱而去，謂之撒放。

拒捍　以力相迎，抵敵官事，謂之拒捍。

拒敵　聚衆争衡，謂之拒敵，猶逆命也。

拒捕　集衆拒捍，不伏就擒，謂之拒捕。

抗拒　上下相當，言無卑屈，謂之抗拒。

撲捉　盡數追捕謂之撲捉。《韻》注："撲者，滅也，又擊也。"

根捉　追尋曰根，擒捕曰捉。

擒緝　急於捕捉曰擒，繼踪根尋曰緝。

窟拿　孔穴之處曰窟，以手捉取曰拿。

追襲　捕逐曰追。行不假途，掩人不備曰襲。

搜捕　求索曰搜，擒捉曰捕。

追捕　即擒捉也。漢光武令牧守追捕群盗。

掩捕　乘其不備，覆其巢穴，謂之掩捕。

追討　捕逐曰追，誅治曰討。

招收　誘其來歸曰招，拒而追捕曰收。

勾攝　呼唤曰勾，追取曰攝。

巡逴　往來察視曰巡，廣張聲勢曰逴。

巡捕　巡謂巡視，捕謂捕捉。

巡捉　義同"巡捕"。

巡防　遍歷檢視，常加備禦者。

巡邏　行視曰巡，游搜曰邏，謂探伺也。

巡警　謂常切嚴戒不虞也。警音景，謹戒也。又晝曰巡，①夜曰警。

等截　謂伺賊出没追捕也。

粘踪　謂尋逐作過形迹也。

---

①"晝"，原作"書"，據朝鮮本、明刻本改。

方略　設法謂之方，施謀謂之略。即計畫也。①

搜索　謂求取也。

搜檢　大索曰搜，尋察曰檢，謂如私藏禁物，必須搜檢之類。

敗露　《列子》曰："形甚露。"謂破其形迹也。

孤迴　謂作過之人藏於幽遠隱僻之所也。

拘執　謂已被捉獲者。

得獲　凡捕而見者，謂之得獲。

得見　凡求而獲者，謂之得見。

就喚　就，即也；喚，呼也。

就勾　義同"就喚"。

衷私　謂情有竄避而潛去者。

詐妄

詐欺　匿行曰詐，誣罔曰欺。

詐僞　謂如僞造文書，見於紙筆之間者。

詐傳　謂如虛傳意旨，形之於語言之間者。

詐醫　謂假以鬼神，指方療病，及言人災福者。

詐陷　謂知津河深濘，橋船朽敗，誑人令渡者。

詐冒　奸詭曰詐，虛假曰冒。

詐乘　謂不應乘坐船馬，設計詐乘者。

增乘　謂合乘馬一匹而乘二匹者。

擅乘　謂不應乘人，非設詐冒，輒便自乘者。

令人乘　謂主司無關借文書，輒因便令人乘者。

---

① "畫"，原作"晝"，據朝鮮本、明刻本改。

忘認　事若相近，情則相遠，内欺於心，外欺於人，謂之妄；形色相類，意以爲是，謂之認。

忘冒　虚假謂之妄，假名謂之冒。

忘説　發言無端也。

忘傳　謂道聽途説，指以爲實者。

忘舉　謂才德不稱，捏合保薦者。

訛言　事傳而差，謂之訛言，謂流言惑衆者。

錯認　非己物而誤取者，謂之錯認。

捏合　謂撰造異端，頗同真似者。

毁謗　謂本無其事，輒加誣誑者。

誹謗　謂撰造非議，譏訕官府者。

贋濫　假僞錯雜之物，謂之贋濫。

行濫　不牢之物曰行，①不真之物曰濫。

賊盗

賊寇　盗劫人財曰賊，剽掠作過曰寇。又殺人不忌曰賊，報仇之賊曰寇。又殺人曰賊，攻劫曰寇。

劇賊　《漢・朱博》云大盗曰"劇賊"。謂作過之甚者。

草賊　《西羌論》曰："賊人穿竄草石。"又吴周魴曰"山栖草藏"，故名曰草賊也。

夙賊　漢郭伋曰舊賊謂之"夙賊"。

劫盗　謂强盗一色之稱也。《説文》："私利其物曰盗。"

劫殺　以力脅止曰劫，害及非罪曰殺。

---

① 兩"行"字，朝鮮本同，明刻本皆作"杇"。按《唐律疏議・雜律・器用絹布行濫短狹而賣》："'行濫'，謂器用之物不牢、不真。"

劫攘　非理強取曰劫，有因而盜曰攘。

剽掠　攻劫曰剽，強奪曰掠。

抄掠　謂劫人財物也。

虜掠　俘獲曰虜，劫奪曰掠。

燒劫　放火曰燒，①強取曰劫。《西京雜記》曰："兵火曰劫燒。"

搶劫　争取財物曰搶，以威脅取曰劫。

作耗　草賊爲亂，謂之作耗。《荀子》曰："多而亂曰耗。"

反亂　逆上曰反，争強曰亂。《漢書》曰"靡有孑遺"，注謂地面並無良民，盡皆作亂也。

嘯聚　吹聲也。《通鑑釋文》曰"嘯咏相聚"，②猶言響應也。

穿窬　謂穴孔穿垣爲盜者。

掏摸　擇便取物曰掏，以手揣物曰摸。

公取　謂不避耳目，公然而取者。

竊取　謂潛形隱面，方便而私取。

已成盜　謂珠玉寶貝之類已入手隱藏，放逸飛走之屬已專制在己者。

未成盜　謂飛放之屬引之於外，未得專制，木石重器移於本處，而未馱載，俱未成盜。

首從　造謀設意，專於進也，③曰首；聽受糾合，同犯非違，曰從。又曰首謂罪首，從爲從坐。

---

① "火"，原作"上"，據朝鮮本、明刻本改。

② "鑑"，原作"濫"，據朝鮮本、明刻本改。

③ "也"，朝鮮本、明刻本作"止"。按《晋書・刑法志》："唱首先言謂之造意。"《唐律疏議・名例》："'共犯罪者'，謂二人以上共犯，以先造意者爲首，餘並爲從。"

同火　十人曰火。① 爲相與作過,②不以徒黨同異,但犯罪時合爲一火者。

同案　即同起也。謂不以所犯前後事有差别,但相連及作一案者。

同黨　相助匿非曰黨。謂曾經和同商量,隨從同黨者。

同謀　謂一同設計作過者。

加功　從而助威,共相傷害於人,謂之加功。若雖不下手,當時同共窘迫,以致前人被害者亦是。

停藏　宿止曰停,隱匿曰藏。

窩藏　謂藏匿作過者。《左傳》曰保奸。張敞曰賊囊橐。

知情　本不同謀,唯知所犯,謂之知情。但曾預謀,謂之同情。

過致資給　謂指授道途,送過險處,助其運致,資給衣糧財貨,遂使罪人藉此逃亡,潛隱他所者,謂之過致資給。

勾引　糾合入伴,共造非爲,謂之勾引。

相攙　彼此共爲曰相,先後作過曰攙。

所由　因緣違牾,謂之所由。

警迹　警,戒也;迹,踪也。古曰景迹,謂顯人之行止也。

受分　謂不同上道,止分其贓者。

容隱　知有愆犯,故爲抵諱,謂之容隱。

逗引　拐帶人物,謂之逗引。

上道　謂犯罪者登途路也。已上道者,往而造罪也。未上道者,謀而不行也。

左道　非正之術,謂之左道。謂僻邪惑衆者。

造畜　造謂自造成蠱害人,畜謂傳畜貓鬼之類。

---

① "十",朝鮮本、明刻本作"同"。

② "爲",朝鮮本同,明刻本作"謂"。

蠱毒　謂聚諸蛇蟲於一處,①使之相食,獨存一物,用以害人者。

厭魅　謂事邪鬼,或用人爲牲,或將人名告於邪魔,令人病死顛狂者。

祆書祆言　怪異不常之書,謂之祆書;欺罔奸邪之言,謂之祆言。

幻術　詭誕惑衆,謂之幻術。如吞刃、吐火、植瓜、種木、屠人、戮馬之類皆是。

妖邪　四生興孽,謂之妖;神之不正,謂之邪。

奸宄　《左傳》曰:"亂在外曰奸,在内曰宄。"詐也。

不軌　謂不遵法度也。

誘略　以利動之謂之誘,取非其道謂之略。

迫脅　以威力相恐也。

脅從　謂迫脅而從之者。

錢糧造作

課程　征税之物曰課,額定其限曰程。

榷酤　謂官專其利也。漢武始榷酒酤。應劭曰:"以木渡水曰榷。"如水上設木渡人,示路歸一,官專其利,不容利原散漫也。

榷鹽　謂禁閉其事,利總入官也。自唐代始。

榷茶　義與榷鹽同,始於唐憲時。

榷醋　《魏·劉放傳》曰:"官販苦酒,與百姓争錐刀之利。"②其原此始。

---

① "處",明刻本同,朝鮮本作"器"。

② 此不見於《魏書·劉放傳》。《魏名臣奏》載劉放奏云:"今官販苦酒,與百姓争錐刀之末,宜令息絶。"《能改齋漫録》曰:"《魏名臣傳》中書監劉放曰:'官販苦酒,與百姓争錐刀之末。請停之。'苦酒,蓋醋也。醋之有榷,自魏已然,乃知不特近世也。"本書多處條目取自《漫録》。

散辦　謂派令百姓辦納也。後唐天成中，令郡縣於夏秋田苗上，每畝輸錢五文，許百姓自行造酒，其錢隨税徵納，並不折色。

認辦　謂自備己本，依額辦課還官也。

恢辦　規畫曰恢，備具曰辦。

包辦　謂依額認納官錢，私下多餘取利也。

撲買　即包認辦納也。

糴買　物斛之類曰糴，柴炭雜物曰買。①

錢穀　《禮》注："錢，泉也。"②其藏曰泉，其行曰布，取名流行，無不遍也。穀者，天產五穀也。又管庫曰錢，管倉曰穀。如歷倉庫者，謂曾任錢穀也。

財賦　錢幣曰財，田税曰賦。

貢賦　貢謂獻也，賦謂地土所產方物也。《書》曰："任土作貢。"

税賦　輸土物曰税，取田租曰賦。《漢・刑法志》："税以足食，賦以足兵。"原於三代。

税貌　謂納其征税之物多寡也。

抽分　即解取其物也。

兩税　夏税秋糧。

税期　五代以前，收斂穀帛多不以時。周世宗顯德中，始定夏税以六月、秋税以十月起徵。

契券錢　《隋志》曰："晉凡賣奴婢、田宅率錢萬者，輸值四百納官，賣者三百，買者一百也。"原於此。

包銀　謂民納鈔，以充差發，即古之庸也。

絲綫　亦差發，古之調也。

斡脱　謂轉運官錢，散本求利之名也。

---

① "炭"，原作"灰"，據朝鮮本、明刻本改。
② 按《周禮》注："布，泉也。"

規運　謂以官本營利者。《左傳》曰："規求無度也。"

榷貨　《字寶》曰："回易曰榷。"《韻》注："榷者，化也。"凡變化回易之物皆曰榷貨。

侵襯　謂攙奪課利也。

犯界　彼境之物越入本界也。

沮壞　止抑其政曰沮，敗其行事曰壞。

攙奪　謂攙先取利也。

攪擾　撓亂曰攪，騷動曰擾。①

虧兑　謂徵不及其額也。

侵欺　謂辦多納少，益己虧官也。

失陷　謂不意損壞官物也。

侵使　謂已徵到官，未入倉庫，而專擅用費者。

增羡　加益其數曰增，額外多餘曰羡。

横收　謂非額辦正課之數者。

附餘　謂正數之外增益者。

出剩　即附餘也。

移易　遷動官物曰移，更改元物曰易。

欺隱　謂藏匿課利也。

借貸　以物假人曰借，從人求物曰貸。"借"字从人，从昔，假名人道，所以不能無也。凡以官物假人，雖輒服用觀玩，而昔物猶存，故稱曰借。"貸"字从代，从貝，凡資財貨賄之類，皆從貝者，以其所利也。假此官物利己利人，雖有還官之意，不過以他物代之，而本色已費，故曰貸。又從代者，謂以物替代也。

剋落　謂支多給少，贏取其餘也。

---

① "騷"，朝鮮本、明刻本作"搔"。

冒破 謂巧作緣故，縻費官物者。

冒支 謂假人姓名，代給其物也。

濫支 謂不應給而給者。

盜用 謂監臨主司私貸使費者。

失收 謂應收係而失不收係者。

短欠 謂正數不足也。

折欠 謂物斛虧短也。①

拖欠 謂延緩不及額者。

换易 轉變曰换，更改曰易。

那换 時暫移用曰那，變改元物曰换。

揭借 舉債曰揭，假物曰借。

倍償 謂填還所欠也。

貿易 以物易財曰貿，互相轉换曰易。②

結攬 謂兜合錢糧，總一納官也。

飛鈔 謂物不到官，虚給收附者。

輕齎 謂本納糧斛，而令納鈔者。

成就 謂諸事辦集也。漢黄霸力行教化，務在成就也。

紕薄 絲節不調曰紕，段匹不厚曰薄。

徵斂差發

追徵 謂取索所欠也。

---

① “斛”，朝鮮本同，明刻本作“料”。按，物斛，指代糧食。下文“和中”條亦是。《宋史・食貨志》載蕭序辰言斛斗折欠之弊。《元典章・刑部卷之十一》載“比年田禾薄收，物斛涌貴，貧民闕食”。

② “轉”，明刻本同，朝鮮本作“慱”。

追理　謂根究徵納也。

追索　謂追取其物也。

放支　謂以物付與也。

倚閣　謂權行住徵也。

住罷　止也,休也。謂事應放免也。

住支　謂應支而止住聽候也。

住徵　謂應徵而止聽候也。

蠲放　清潔曰蠲,除免曰放。

蠲免　謂包括除放大小之名也。

賦斂　役税曰賦,①收拾曰斂,即科率也。

和雇　兩順曰和,傭賃曰雇。

和買　兩平以錢取物也。

和中　謂以物斛投糶於官。②

和織　謂以絲覓工造作也。

和糴　謂兩平糴入也。

創造　謂始建工役也。

横造　謂額辦數外增役也。

科敷　率斂曰科,散物曰敷。

齊斂　謂一例科率也。

聘賣　謂分派聘賣諸物也。

措置　謂規畫而安置也。

借倩　權時供給曰借,假人庸力曰倩。

規措　轉借曰規,處置曰措。

---

① “役”,朝鮮本同,明刻本作“征”。

② “斛”,朝鮮本同,明刻本作“料”。

應副　謂料度支與也。

尋覓　搜求曰尋，乞需曰覓。

供給　謂以物輸用也。

打勘　謂搜究弊倖也。

理算　謂尋究計算也。

打算　包刮理算打勘也。

差役　謂量其力而差使當役也。

科役　謂驗事力而敷派庸作也。

徭役　科斂曰徭，工作征戍曰役。① 又一身應當曰徭，全户應當曰役。

應役　謂承當其役也。

斯役　謂有所使也。

職役　官稱職役，謂有執掌也。

身役　吏卒人等稱身役，謂仕驅使也。

租調　驗丁田納粟曰租，隨土輸布帛曰調。

折庸　謂以役准鈔物也。

雇倩　謂以物雇人代役也。

雇覓　義同"雇倩"。

雇募　以錢物招人應役也。

招召　義同"雇募"。

消乏　物力漸減曰消，家貧無財曰乏。

僉補　選差相應曰僉，填替缺役曰補。僉者，揀也，其法則力均者取強，財均者取富，財力等者先多丁。若反此者，是名僉補不平。

應當　謂理合如是也。

---

① "戍"，明刻本同，朝鮮本作"伐"。

協濟　猶添助氣力也。

協力　謂同心相和，與衆共事也。

答配　謂驗事緊慢分輪應當也。

椿配　謂重疊科差也。

騷擾①　攪動於人曰騷，②掊摭煩亂曰擾。

動搖　謂虛張事勢驚撼於人者。

走弄　侮慢造弊，謂之走弄。如放富差貧，那上趲下者，徇恩讎，③變亂獄訟之類。

扇惑　生事播揚曰扇，驚遑及衆曰惑。

諸納

買納　謂收買諸物納官也。

給納　謂人欠少糧斛，卻有未支官錢，可給糴納者。

填納　謂失陷官物，勒令依數補納者。

回納　謂支用官物，銷用不盡回納者。

理納　謂雖有侵欺，而情弊未見，必須理算納者。

催納　謂拖欠官物，必須催納者。

送納　謂包括供輸之名者。

附納　謂以少附多，因便送納者。

卸納　謂綱運於倉卸納者。

變納　謂以物變轉他物納官者。

糴納　謂收糴糧斛納官者。

---

① "騷"，明刻本同，朝鮮本作"搔"。
② "攪"，明刻本同，朝鮮本作"攬"。
③ "徇"，明刻本同，朝鮮本作"循"。

起納　謂空閑房地情願起賃納課者。

陪納　謂主守官物而有丢失，著落陪償者。

備納　謂將官物毁壞，①勒令依樣備納者。

代納　謂甲有欠而事故，卻令乙與代納者。

輸納　謂令人户供輸入官者。

發納　謂官司起發而納者。

進納　謂以稀罕等物貢于上者。

首納　謂犯贜而首納者。②

支納　謂主司支出納入也。

科納　謂科敷人户出納者。

閉納　謂拖欠錢糧，預令官吏揭借爲納足者。

剋納　謂如倉庫短欠錢糧等物，就内合支分例納官者。

拘納　謂應收官物而散在外，合拘入官者。

兑納　謂本非元物而以别物那移入官者。

均納　謂欠官物而於同財或有干礙之人名下納徵者。③

受納　謂收貯官司兩平交收也。

獻納　謂以出産錢糧呈官輸納者。

增納　謂增加元數而納者。

中納　謂以諸物投賣於官者。

折納　謂闕本色而以别物折納者。

估納　謂欠官物，估計欠人財産納官。

帶納　謂如納糧帶收鼠耗分例之類。

投納　謂本無拘制而人自來投納者。

---

① “壞”，明刻本同，朝鮮本作“裝”。

② “贜”，明刻本同，朝鮮本作“臧”。

③ “礙”，明刻本同，朝鮮本作“得”。

撥納　謂欠他司錢，卻有此司錢，可以就撥納官者。

償納　謂有少欠而令填納者。

貼納　謂正物不足，貼納其餘者。

賣納　謂以物易鈔納者。

包納①　謂包納一處錢糧納官者。

對納　謂兩相對剥納官者。

出納　謂令人户出備者。

入納　謂納此出彼者，如入鈔支鹽引之類。

追納　謂如應支八分而支十分，合追二分還官之類。

没納　違禁之物及不合給主錢糧，並曰没納。

截納　謂本應赴遠而截於近處納者。

攤納　謂拖欠官錢，攤及諸人揍納者。

寄納　謂將納官之物權寄收貯者。

繳納　謂船馬劄子、茶鹽路引之類，用畢繳納者。

折納　謂船隻損壞，房舍倒塌，折納還官者。

交納　謂兩和交割也。

出納有違　謂重受輕出及當出陳而出新，應給上物而受下物者。

雜類

沿革　承襲曰沿，改變曰革。

昧爽　《禮記》云："昧爽而朝。"謂辨色之時也。今侵早之前，五鼓之末是也。

深文　拘刻也。漢張湯等定律令，深文以拘人。②

---

① "包"，原作"抱"，朝鮮本同，據明刻本改。

② "文"，原脱，朝鮮本同，據明刻本補。

刑餘　罪人輕賤之名也。齊威王使孫臏爲將，辭以刑餘之人。

計搆　謂巧計罪人也。王莽謂文致其罪。

始終　事初曰始，事盡曰終，猶四時至冬盡也。

首尾　首者，①始也；尾者，終也。

經手　謂曾管其事者，不限遠近，俱曰經手。

鄭重　《王莽傳》："非皇天所以鄭重降符之意。"注："鄭重，猶頻煩也。"

枝梧　謂不能主，攲傾之義也。項羽斬宋義，諸將莫敢枝梧。

無狀　人有愆犯，無可寄言者。

掣肘　謂事有牽制也。

鹵莽　謂處事輕脱也。

覬覦　謂心懷希望者。《左傳》："民服事其上，而下無覬覦。"

曳倒　挽外也。②　唐憲宗命曳倒聖德寺碑。

把持　謂操權主事衆畏者。《國語》曰："把持諸侯之權也。"

強横　凶暴不良曰強，行不以禮曰横。

體面　凡大臣必加容貌以敬之，故曰面皃。人稱體面者，謂改皃從面也。又體勢亦曰體面。

放鶥　俗語訐人私者，③謂之放鶥。按《埤雅》曰："鶥性刻制，其毛能食，諸鳥羽如群錯，草中有鶥毛，則衆鳥毛羽自落。"蓋鶥性害衆，故以訐人私者比之也。④　又俗云放鶥把雁者，譬獵藉此以捕飛走，猶利己害物也。又蘇文曰："吕惠卿彫王安石。"用此"彫"字，謂刻也。今人以"鶥""彫"爲刁，未審孰是，宜伺識者。

捃拾　謂摭人之過也。

① "首者"前，朝鮮本有"人之"。
② "外"，朝鮮本同，明刻本作"仆"。
③ "訐"，原作"許"，朝鮮本同，據明刻本改。
④ "訐"，原作"許"，朝鮮本同，據明刻本改。

吏學指南卷之八

吴郡　徐元瑞君祥纂

諸箴

提刑箴

大元建號，蓋法乎乾。有仁有威，無黨無偏。天開五葉，地大一統。江淮來歸，蠻夷底貢。聖念遠人，視爲近畿。曰守曰令，或公或私。耳目不廣，情僞焉知？既遣綉衣，侈頌寶制。問民疾苦，讞獄冤滯。曰官曰吏，自大至小。毋有科取，毋有搔擾。唯守土官，聽出使人。玩寇者糾，受財者申。訴訟謂事，自下而上。無俾逾越，仍治誣妄。參署衆僚，罔分南北。毋俾争競，仍察曲直。不修鋪驛，不治舟梁。稽留使命，阻滯行商。不務本業，不干己事，不畏官府，皆當按治。田宅占買，是爲歸之。人口略誘，①其悉追之。凡巡所部，鄉至縣到。勸農省風，勉學宣教。若此等事，寧不思之。農業若墮，何以課之？風俗未淳，何以彰之？學校久廢，何以勵之？教化未行，何以明之？其有不孝不悌，在所懲之。亂常敗俗，在所繩之。豪猾奸凶，在所刑之。大利興焉，大害除焉。一切不

① “歸之人”，原漫漶不清，據朝鮮本補。

便，率當更焉。若夫以苛爲明，以細爲密，以多爲巧，以虚爲實。羅罪生事，賣直市權。暗於大體，豈曰小愆。矧治新國，古用輕典。欽乃攸司，恤哉惟刑。箴以自警，書諸座屏。

司臬箴宋江西提刑潘時作

深文以刑人，刻者之爲也。屈法以宥罪，恕者之爲也。恕賢於刻遠矣，或未免於私也。正其心，誠其意，閲實其罪，疑則爲輕，庶幾其寡過耳。

獄官箴唐張説作

官有決曹，掌兹法獄。匪惟議罪，亦以防欲。所貴仁恕，非矜窘束。吏苟吹毛，人安措足。古之爲主，是載是勖。茫茫兹土，蠢蠢群生。賢愚中雜，真僞相傾。若魚之駭，如鳥之驚。不能無犯，宜持以平。或大或小，時重時輕。無以快志，期乎得情。孰曰非重，國之政令。孰曰非輕，人之性命。虐則招咎，寬則舒慶。宜眷宜恤，可畏可敬。爲獄則固，爲牢則幽。晨嚴管籥，夜密吏籌。寂寂圜土，累累繫囚。求食摇尾，見吏垂頭。自昔立名，此爲非所。逼隘狹室，欹傾漏宇。冬有祁寒，夏有隆暑。焉可失入，焉可妄處。勿謂勿妨，勿謂無傷。匹夫含怨，三年亢陽。匹婦結憤，六月飛霜。可以安危，可以興亡。敢告司憲，無輕國章。

諸説

獄訟説宋李之彦作

夫獄訟者，所以平曲直，雪冤枉也。若有財者勝，無財者負;有援者伸,無援者屈;豪強得志,貧弱銜寃:豈國家之福耶?愚願士大夫司聽斷者,在在持平如衡,事事至公如鑑,天下何患不太平!

瘴説

龍圖梅公摯,景祐初以殿中丞出知昭州,嘗著《瘴説》云:"仕有五瘴:急催暴斂,剥下奉上,此租税之瘴也;深文以逞,良惡不白,此刑獄之瘴也;昏晨酣宴,弛廢王事,此飯食之瘴也;侵牟民利,以實私儲,此貨財之瘴也;盛揀姬妾,以娱聲色,此幃薄之瘴也。有一於此,民怨神怒,安者必疾,疾者必殞,雖在轂下,亦不可免,何但遠方而已?仕者或不自知,乃歸咎之土瘴,不亦繆乎!"

吏員三尚容齋徐參政作

一曰尚廉,謂甘心淡薄,絶意紛華,不納苞苴,不受賄賂,門無請謁,身遠嫌疑,飲食宴會稍以非義,皆謝卻之。二曰尚勤,謂早入晏出,奉公忘私,雖休勿休,恪謹匪懈,呈押文字,發遣公事,務爲敏速,恥犯稽遲,躬操筆硯,不仰小胥,手閲簿書,不辭勞役。三曰尚能,謂練習格例,曉暢行移,是非曲直,先以意決,然後取裁,凡所處畫,悉令合宜,文義略通,字無不識,寫染端正,①算術精明,舉止安詳,語言辨利,無過可尋,有委皆辦。

---

① "端",原漫漶不清,據朝鮮本補。

律己

西漢兒寬治民，勸農桑，緩刑罰，理獄訟，用仁厚，不求聲名，吏民大信愛，後爲御史大夫。

西漢朱邑爲桐鄉吏，廉平不苛，以愛利爲行，未嘗笞辱人，後爲大司農。東漢楊震爲東萊太守，道經昌邑，邑令王密懷金十斤遺之，且曰："夜無知者。"震曰："天知，神知，我知，子知，何謂無知？"遂不受。後五子皆貴顯。

東漢鄭均，兄爲縣吏，頗受禮遺，均數諫不聽，即脱衣爲傭，歲得錢帛，悉以與兄，曰："物盡可復得，爲吏坐贜，終身捐棄。"兄感其言，遂爲廉潔。

東漢羊續爲南陽太守，敝衣薄食。府丞嘗獻以生魚，續受而懸之於庭。後又進之，續乃出前所懸者，以杜其意。

晋胡威，父質以清忠稱，仕魏爲荆州刺史。威往省父，父賜絹一匹，威曰："大人清高，何得此絹？"答曰："吾俸禄之餘。"後威爲徐州刺史，風化大行，武帝問："卿孰與父清？"對曰："不及，臣父清恐人知，臣清恐人不知，是以不及也。"

《南史》：宋褚爲吏部尚書，有人將金一瓶以求官，褚曰："卿自應得官，無假此物。若必見與，不得不在啓。"此人懼而收金去。褚後遷尚書左僕射，子賁爲侍中。

《南史》：王筠爲臨海太守，在郡侵刻，還資有芒屩兩舫，他物稱是。及遇亂，爲盜所攻，墜井卒，家人同遇害。

唐王琚，玄宗時誅蕭至忠，帝眷委特異，歷九刺史，受饋遺至數百萬。李林甫使人劾宿贜，琚懼，仰藥死。

宋待制劉隨爲成都通判，嚴明通達，人謂之水晶燈籠。

宋田元均知成都，凡有訴訟，懦弱不能自伸者，必委曲問之，莫不盡其情，蜀人謂之照天蠟燭。

宋歐陽文忠公脩多談吏事，張芸叟疑之曰："學者之見先生，莫不以道德文章爲欲聞者，令多教人吏事，所未諭也。"公曰："文學止於潤身，政事可以及物。"官至參知政事。

仁恕《易·繫辭》曰："作善降之百祥，作不善降之百殃。"

西漢張釋之爲廷尉，有人盜高廟座前玉環，奏議棄市。文帝怒，欲族之，釋之曰："今盜廟器而族，假如取長陵一抔土，何以加乎？"帝遂從之。公以壽終。子摯，官至大夫。

西漢于公爲縣獄吏，治獄平允，所決皆不恨。閭門壞，父老其治之，[①]公令高大其門，令容駟馬高車，"我治獄多陰德，未嘗有寃，子孫必有興者"。子定國爲丞相。

西漢杜延年明法律。霍光持法重刑，延年輔之以寬，論議持平，後以壽終。子六人俱至大官。

西漢郭躬，家世掌法，務在寬平，及典理官，決獄斷刑，多依矜恕。子孫爲廷尉、刺史、侍中者三十餘人。

東漢陳咸，性仁恕，嘗戒子孫曰："爲人議法，當依於輕，雖有百金之利，慎無與人重。"後生孫寵爲司空。

東漢陳寵，肅宗時吏政尚嚴，寵上疏除絶鉆鑽慘酷之科，所活甚衆，位至司空，子忠爲僕射。

東漢虞經，爲郡縣獄吏，案法平允，務從寬恕。孫翊爲尚書僕射。

《北史》之華原爲兗州刺史，獄有繫囚千餘人，華原科簡

① "其"，朝鮮本批注改爲"共"。

輕，重決遣放之，後爲尚書僕射，民爲立祠祭祀。

《北史》：高允以獄訟留滯，始令中書，以經義斷諸疑事，允據律評刑，三十餘載，内外稱平，後年九十八卒。

隋源師爲大理少卿，煬帝以私怒令有司斬一衛士，師奏曰："此人罪誠難恕，陛下初自殺之可也，既付有司，義歸常典。"帝乃止，轉刑部侍郎。

唐太宗疾貪吏，間遣人遺諸曹。一吏受饋縑，帝怒欲殺之，民部尚書裴矩曰："吏受賕死，此固宜然。陛下以計治之，所謂罔人以罪，非道之以德。"帝悦止之。矩年八十餘卒。

唐陸象先爲劍南按察使，政尚仁恕。韋抱真曰："公當峻刑罰以示威，不然民慢且無畏。"答曰："政在治之而已，必刑罰以樹威乎？"卒不從，而蜀化。

唐張文瓘兼大理卿，不旬日，斷獄四百，抵罪者無怨言。四子官至三品，時謂萬石張家。

唐徐有功拜司刑少卿，時武后任用酷吏，置羅織之獄，以網無辜，有功奉法守正，不以私害公。嘗鞫竇孝諶妻龐氏獄，多明其枉，武后詰之曰："公比斷獄多失出，何耶？"有功曰："失出，臣小過；好生，陛下大德。"后默然，龐得免死。後卒謚忠正。孫商爲節度使。

唐韋嗣玄爲鳳閣舍人。武后屢興大獄，害及善良，嗣上書，乞取垂拱以來罪無輕重者，並皆原洗。於是人賴得活者千萬計。公後父子並爲宰相。

五代張文蔚爲平章時，柳璨殺裴樞等，蔓引朝士，輒加誅殺，縉紳相視不自保。文蔚力講解之，朝士多賴全活。後以壽終。

五代唐莊宗破蜀，王衍朝京師，行至秦川驛，而明宗軍變於魏。莊宗慮衍有變,遣人殺之,詔書已印畫,張居翰發視之,詔書言誅行一行,[1]居翰乃改一行爲一家,於是得活千餘人。後以壽終。

宋錢若水爲同州推官,有富民逃其奴,乃父母訟於州,命録事鞫之,劾富民數人共殺之,而失其尸。獄成,若水密訪得奴,而放富民。後爲參知政事。

慘刻《孟子》曰:“戒之,戒之,出乎爾者,反乎爾者也。”自古用嚴刑以毒民者,未有不反於己者。

秦商君衛鞅變法令,重刑罰也,犯者多死。議令之初,一日臨渭,刑七百餘人,官民苦之。後遭車裂之禍。

西漢王温舒爲河内太守,捕逐豪猾,大者族,小者死,諂事有勢,窮治奸猾糜爛,獄中無有出者。後以罪自殺。

西漢翟方進爲京兆尹,搏擊豪強。及爲丞相,持法深刻,中傷者多。其後自殺,王莽發其冢,燒其棺柩。

西漢嚴延年爲河南太守,務於折強扶弱,凡貧弱者雖犯法曲文以出之,豪傑者必以文而内之,所謂當死者生,當生者死。人號曰屠伯。後坐罪棄市。

東漢義縱直法行治,不避貴戚,犯者多族之。爲定襄太守,一日殺獄囚四百餘人。後以罪棄市。

東漢咸宣以功遷御史,使治主父偃及淮南反獄,以微文深詆,殺者甚衆,後以罪自殺。

東漢王吉爲沛相,凡殺人皆磔尸車上,隨其罪目宣示屬

① 前“行”字,疑衍。

縣，腐爛則以繩束骨，周遍一郡乃止。視事五年，殺萬餘人。後死於獄，父甫及子萌皆死杖下。

晋山陰縣令石密先爲御史，枉奏殺句容令萬默，一日見默來殺之，遂死。

《北史》：于洛侯爲秦州刺史，①貪酷殘忍，犯罪者截腕、拔舌、斷其手足而始斬之。以致百姓反叛，孝文命使斬洛侯以謝衆。

隋燕榮爲幽州總管，性嚴酷，鞭笞左右，動至千數，流血盈前，飲啖自若。文帝怒，徵榮還京，賜死於蛆出之地。

隋梁敬真爲大理司直，煬帝命鞫魚俱羅罪，敬真希旨，陷之極刑。未幾，俱羅爲祟，敬真死之。

隋爛狄士文爲貝州刺史，②發摘奸隱，長吏尺布升粟之贓無所寬貸，得千餘人，③奏上，悉配嶺南，遇瘴癘死者十八九，於是父母妻子惟哭士文。高祖嘆曰："士文之暴，過於猛獸。"士文後獄死，三子朝夕不繼。④

唐郭弘霸爲監察御史，嘗按李思徵，不勝楚毒，後屢見爲厲，援刀自刳腹死。

唐酷吏索元禮、來俊臣、周興、侯思止等，造羅織獄，爲火甕鐵籠慘酷之刑，以鞫囚徒，後皆死於非命。

宋余晦爲四川宣撫使，誣閬州知州王惟忠謀反，理宗命陳大方拷掠成獄，斬之都市。後晦頸生瘰瘡，百藥不治，一日

---

① "于"，原作"干"，朝鮮本同，據《北史》改。

② "爛"，朝鮮本同，當作"厙"。《隋書》卷七四《酷吏傳》云："厙狄士文，代人也。"

③ "寬貸得"，原漫漶不清，據朝鮮本補。"寬"，朝鮮本作"寘"，據《隋書》改。

④ "子"，原作"手"，朝鮮本同，誤，據《隋書》改。《隋書》卷七四《酷吏傳》云："有子三人，朝夕不繼。"

澡洗，爛斷其首於浴室之外。大勢亦卒中而亡。

五伯馬進傳宋王禹偁作

進隸滁州軍籍，又爲五伯三世矣。進之子生而無左臂，若髡截然，白人以爲世主杖笞，多納財利，而高下其心，重輕其手，故天譴之。嗚呼！鞭作官刑，扑作教刑，即鞭扑者，帝王之典也，可不慎乎！今之杖刑非古也，古者示恥而已，故有蒲鞭而誡者，有束杖而治者。① 雖然，上失其道，民散久矣，非刑不足以驅人之善也，既不得已而用之，又可以喜怒財貨易其心乎？彼五伯賤隸也，刑不自口出，但以重輕不平，而天譴若是，況執天下之刑者？即吾見世禄之家，子孫替墜，殘瘁疾廢者有之，爲人僕妾者有之，饑寒道路者有之，豈止用刑之濫也，其諂主忌賢，剥民固寵，斯天譴之大者矣！作《馬進傳》，以自誡云。

① “者”，朝鮮本作“之”。

附録一　習吏幼學指南序

吴郡徐元瑞序云：嘗聞善爲政者必先於治，欲治必明乎法，明法然後審刑，刑明而清，民自服矣。所以居官必任吏，否則政乖。吏之於官，實非小補。夫吏，古之胥也，史也，上應天文，曰土公之星，下書史牒，曰刀筆之吏，得時行道，自古重焉。秦、漢以來，爲將爲相，立當路而據要津，代不乏人。李唐季年，得權猶甚，官曹稱軍事院，吏稱使院，一登首選，皆以使名，有官大夫加勛者。趙宋因仍，沿其舊制，政和中始以監司諸郡首吏爲孔目、主押之號，易都副兵馬等使之名。年勞及格之人，得授助教，或攝參軍而已。省院臺部，互有正法，官稱既振，吏權益輕。星書謂土公明則吏道亨，暗則否，數使然也。欽惟聖朝一統，天下同文，繇吏入官，深合古法，凡居是職，可不愛重！但初學之士，妙齡而入，律書要旨，未暇師承，巧詆之風，薰染日著。夫讀律則法理通，知書則字義見，致君澤民之學，莫大乎此，雕人欺事之習，恐反陰功。是以不揆荒唐，因摘當令吏用之字及古法之名，首冠以歷代吏師，終繼于恕刻軌範，類成一書，目曰《習吏幼學指南》。期在啓蒙，不敢呈諸達者。與我同志，幸毋誚云。

歲次辛丑大德五年良月，吴郡後學徐元瑞自序。

附録二　爲政九要

爲政九要自箴序

四體百骸乃周乎一身，百揆萬務而成乎一國。爲政之道不一也，有政乎人才者，有政乎農畯者，有政乎禮樂者，有政乎刑法者，有政乎百工者，然殊塗而同歸，萬慮而一致。予童時於先大人賜號“歸明陽子”篋笥中，見一書曰《自箴》，觀之數百條，聊記其節目，不知始末誰作也。近爲天家創制垂統，撫治萬民，因書強記者數十條，庶俾後進者之爲政云。

特賜恒山皇極道院虚白處士河中心庵趙素才卿書。

因書第一

三皇聖紀，盤古氏之君，生而知之，神而化之，身心形體行踐，不教而從，不言而化，爲政治民者，使民巢居穴處，隱避其風雨也，茹毛飲血，養其饑渴也，此爲政民之本也。

古者包犧氏之王天下也，仰觀俯察，觀鳥獸之文，畫卦造書，以生文籍也，儷皮爲衣，以待寒暑，以佃以漁，以待庖厨也，上棟下宇，以待風雨也，治民飽暖是也。

神農氏斫木爲耜，揉木爲耒，日中爲市，貨財交易，皇親耕，后親織，以化天下，使民不饑不寒，是治民之本也。

黄帝治五氣，藝五種，撫萬民，安四方，平四海，克九黎，教萬民鑿井耕田，教農桑，以爲治天下之大本也。

帝堯之時，洪水横流，泛濫於天下，草木暢茂，禽獸繁殖，五穀不登，堯獨憂之，舉舜而敷治焉。一民饑，曰我饑之。一民寒，曰我寒之。洪水九年，民無菜色，土階三尺，茅茨不剪，恐勞民也。知饑，知寒，知人，是知天下也。

帝舜耕歷山，人讓畔；漁雷澤，人讓居。一年成聚，二年成邑，三年成都，教民農桑，始成其孝悌忠信。《管子》曰："禮義生於富足，盜賊起於貧窮。"

禹薄飲食，惡衣服，膚毛不生，惟水是治，是愛民也。湯剪爪爲牲，惟雨是祈。二王之聖德，不出乎救民于水火之中也。

后稷教民稼穡，樹藝五穀，五穀熟而人民育，農業茂而萬姓按堵也。

周文王問太公曰："何爲之寶？"公曰："農桑爲大寶，玉次之。"心庵曰："三冬無衣而亡，七日不食而死，農桑非寶而何？"

唐明宗問民苦樂，馮道引聶夷中詩對曰："二月賣新絲，五月糶新穀。醫得眼前瘡，剜卻心頭肉。"是有愛民之心也。

周世宗留意于農民，刻木爲農夫、蠶婦置於殿前，晝夜不忘小人之艱難，漢唐以來，一人而已。

正心第二

天無心，以天子爲心；天子無心，以百姓心爲心百姓者，公侯伯子男；百姓亦無心，以萬民心爲心也。得民心者，可民爲官；失民心者，何足道哉？

高不可欺者，天也；尊不可欺者，父也；上不可欺者，君也；下不可欺者，民也。欺天，欺父，欺君，欺民，是名濫官污吏也。

公侯之職，在上不驕。驕者倨傲，官吏賢善去矣，不知君使臣以禮焉。敬者，敬重民也。高而不危，危者奪人妻女，併人名位，侵人田宅，探人異物，禍必危矣。滿而不溢，溢者遺逸政事，沉湎酒色，盤游飛放，奢侈宅園，職必流矣，富貴去矣，身必賤矣，悔必及矣。

京府州縣安寧，公事不可增損更改，動之必亂，反受其殃。見前政之能善，加而遷之；見前政之不善，舒緩而更之。此公侯之體也，民心易摇而難安故也。

公侯之職，當求公正大，忌求異政，沽名釣譽，敗衆成己也。要忠名者好訐告，要高名者好詐僞，要廉名者好聚斂，要清名者好怪異，不知重己身者不仁也，好自大者不義也，貪名譽者不智也，是以君子不求異政也。

正内第三

官府，衙院，宅司，三姑六婆，往來出入，勾引廳角關節，搬挑奸淫，沮壞男女。三姑者，卦姑、尼姑、道姑；六婆者，媒婆、牙婆、鉗婆、藥婆、師婆、穩婆。斯名三刑六害之物也，近之爲災,遠之爲福,浄宅之法也。犯之勿恕,風化自興焉。

官府宅司,但用諸般物色,金銀器皿,珠玉犀象,綾錦羅彩,食用物料,招行人對面商量,立支價錢,永無詞訟。勿令夫人娘子親面買賣,倒换物色,其受贓不可測也。

公侯縣司宅院,子弟郎君,女婿孫侄,常令入學,勿使非時出入市肆,飛放田野,或欺騙良人,或密受饋獻,抵撞貴官,勾引關節,惹莫大之禍,主人無緣得知,糊突污濫,因此失矣。

州府司縣同正官大要和睦,但干不繫利害小事,上從下順,尊主愛民,自然成合。若邊關、錢穀、刑名公事違錯,於無人處款慢諫導,陳其利害,反復咨禀,再三陳説,必自從政,不失公私,更得和美,此大事也。既得和從,不可賣功;不得,不可激惡。

正婚第四

民間但有繼母小妻,前婚後嫁,多係不良之人,每每謀害正妻子孫,若告抵觸生分者,不得便行受理,密行體察得實,别作施行。正妻害婢子孫亦同。民間父子兄弟不和,多因婢妾後婚,并妯娌先後相争家財,令封禁延遲,日月勿斷,日久自和,不傷親義。

民間多招女婿,其夫懦弱者,女多奸淫,父母反索休離,送官告説,五逆浮浪,抵斷完聚,並不許分離,及將寫休書人磨勘治罪,永除此弊。

民間夫婦不和,婦尋出路,往往誣誤,許媒翁伯大人如淫之事,大害風俗,夫婦封禁,連月勿問,暗行體察,教唆之人必是奸夫,得實别作施行。

民間夫妻不和，背夫逃走者，女者反告翁婆，並不得受理，令捕遠限搜捉，日後自知，依法治罪。

夫妻不和，夫婿醜陋軟弱，無病卒暴而死者，令巡尉、鄉老、保司用心密察，多因奸夫謀害，毒藥厭鎮所殺，最爲急務大事也。

女有五不娶者：五逆之家、淫亂之家、犯死罪之家、鰥癘之家、亡父母之家。子故多不良，招惹詞訟也。

女有七去者：一不順父母，二無子嗣，三犯淫亂，四妬忌，五言語無定，六竊盜家財，七有惡疾體臭者。

婦人出嫁，不可去者三：有所取無所歸投，不去；守翁婆三年孝服滿，不去；先貧賤後富貴，不去。此人倫之常法也。

禁捕第五

停閑、窩家、沽屠、破落户、酒肆、茶坊、浴室、兑房、妓館、旅店、勾欄、庵舍、軍旅卒屋、水手場屋、罷役弓手、廟宇貧子、打爻窮漢，若識此徒，萬無一失，民自然安矣。

盜行時日，巡尉須知，十九、二十一、二十三、二十五、二十七、二十九、初一、初二、初三、初五、初七、冬年節日，其餘畏月明不行也；及風、陰、烟、霧、蘆葦、蒿荒、黄昏、昧爽，假此之便也。

捕盜抗拒敗走，不得手去衣領，先拿其髪踏背立地，不得肘膝胸前，七手五把，反傷主人兵吏性命，切要防之。

司縣破落户、潑底官，往往造鹽、酒、麯，宰殺牛馬，開閟兑房，窩藏盜賊，横賽神社，記散酒食，不畏國法。嚴威禁治，久而自息。

司縣約束賭博錢物，煞歸、拔牌、打破、買鬼、雙陸、象棋、樗蒲、掘槊、開閱匱房。幫閑子弟破壞良家、窮極爲盜也，禁之可矣。

巡尉覺察行壇、大仙、佛牙舍利，妄作光明廟宇，師巫託詐鬼神，夜聚曉散，扇惑人户，惹叛亂，生嘯聚，連累平人亦遭殺害，禁約則可。

正農第六

勸農爲政。周公曰：穀不熟爲饑，菜不熟爲饉，果不熟爲荒，牛不安農困。一夫不耕一家饑，一婦不蠶一室寒；養親祭祀，租稅差役，則皆廢矣。

農家殺牛食肉，年年瘴癘疾病，牛能弩力，傷坤順之氣也。殺馬食肉，歲歲蠶死桑枯，馬爲蠶父，傷天陽之氣。雞豚狗彘，羊猪鵝鴨，二社冬年，足可養老祭祀矣。

農家豪富，置買金銀頭面，招賊，榜文錦綉羅紈，差發由帖，好賽神社，非突横禍，大屋高房，官兵館驛，輕車肥馬，藉借生冤，攀高接貴，張羅餓隙，可逐一鄉一社，立耆老教化民也。

諺云，由人而窮，窮者有十：一要貧，學燒銀；二要貧，孝空門；三要貧，好相論；四要貧，好移墳；五要貧，置寵人；六要貧，陪女門；七要貧，要新宅；八要貧，酒賭頻；九要貧，宴貴賓；十要貧，好賽神。其犯一者，未有不貧也。又云人有十可富：一可富，孝親族；二可富，少奴僕；三可富，省追逐；四可富，效勤苦；五可富，不高屋；六可富，長忍辱；七可富，粗衣服；八可富，養六畜；九可富，多糞土；十可富，没名目。爲之三五，無不可富足也。

公侯州郡，常切用心，罷不急之役，無名之費，及冗官繁吏，民户難以養贍；可省費者，即當罷去，莫大之便，利民之要也。

公侯之職，當教文武醫卜，士農工商，道釋九流，衣服不得過越奢侈僭易。

朝儀及堂亭屋宇，横費資財，引惹盜賊，當令勤儉于家，助益豐富。諺云：萬民足，則百姓富；百姓足，則邦國富；邦國足，則天下富有。萬國咸寧，在乎斯矣。

民有五恥：不畜者，祭無牲；不耕者，祭無盛；不蠶者，身無衣；不樹者，棺無槨；不績者，喪無衰。

民爲邦本，有道之主，以逸逸民；無道之主，以樂樂身。志驕業泰，體逸農安。

急務第七

公卿伯之職，治民酷虐，治兵怯懦，治身恕己，治事冗煩，治家寒碎，治政畏上，一日臨位，必失職矣。

桀、紂、秦、煬，破國亡家，心愛禽獸食人之食、土木衣人之衣、軍旅蹂踐田采、宮室發奪耕耨。農夫不足於飽，蠶婦不足於暖。不知王道，四體不勤，五穀不分，稼穡不識，菽麥不辨。

爲政第八

爲政妄興功役，横起事端，害州縣不過千日，害國者不過期年，害天下者不過十旬，自投坑井，取禍之道也。

爲政在上欺君，在下誑民，舞文弄法，論假像真，因公私惠，仗勢行權，辭辛憚苦，口是心非，明退暗進，何爲政邪？

爲政好名者立異危身，務名者殺身，要名者害身，賣名者敗身，彰名者凶身，若盡公幹事立政，不召名而名自至矣。

爲政，功名官爵貨利聲色，皆謂之私欲，人情也。然知足不貪，知節不淫，不霑名，不弔利，人若不知，必享天爵，而子孫亦昌盛也。

司縣到任，體察奸細、盜賊，陰私謀害，不明公事，密問三姑六婆，茶坊、酒肆、妓館、食店、櫃房、馬牙、解庫、銀鋪、旅店，各立行老，察知物色名目，多必得情，密切告報，無不知也。

時利第九

教農民栽接園林，廣種蔬菜，拆洗涼衣，多作鞋脚，挂備繩索，農器、鎌擔、車仗，飽飼牛畜，趁時布種，不致荒閑田地。

保庇農民，禁止諸色雜人游樂甘閑，乞覓投散，提繩把索，三教九流，師巫樂戲排場。兵卒官吏不得聚斂搔擾誘説，不惟吞食民財，大誤國家徭役，利害甚大。

二麥三青一黄，催督火速收斂，船載上場，不分晝夜，打碾子粒，曝曬入倉，方屬民物。山東、吴不知熟麥青鈔自然子粒圓實，幽燕但過焦雨水頓放多，十去其三四矣。

夏麥薄收，火速勤諭多種蕎麥、黍、穀、豆、晚田蔬菜、果木、苜蓿、野菜、勞豆、蓬子、稊稗，可備春首饑荒。加力鋤刨三五次，亦能倍收。

十月收打蕎麥、黍、豆，積垛草稭以備官草牛食，不致風雨損壞。

勸諭豪富贍賑鰥寡孤獨、老弱殘患，不致凍餒餓殍。不爾申官存恤，勸率寺觀德行僧道安養，使用兩便，是補不足而損有餘也。

三冬人閑，收斂乾桑葉，搭苫積聚，以備蠶傷。桑葉飼蠶，亦成救斂，其方亦得絲綿。大救生民，蠶桑也。

神農形瘁，堯癯瘦黧黑，禹胼胝，伊尹負鼎而干湯，吕望鼓刀而入周，百里奚傳賣，管夷吾束縛，孔子無暖席，墨子無黔突，非貪禄，將起民之利，除民之害也。自天子至於庶人，四體不勤，思慮不困，於是求贍者，未之有也。

修身正家，然後可以治人；居家理，然後可以長官。民之所以生活，衣與食也，事於衣食即有功，不周於衣食即無功。帝王富其民，霸王富其地，危國富其吏。治國若不足，亡國困倉虚。故曰上無事而民自富，得民力也。

古有言：冬飽則身温，夏飽則身涼，温涼時適，人無疾殃。凡加賦斂，妄興徭役，織女農夫，晝夜苦楚，集草爲舍，容膝庇足，夜寒無眠，風霜砭骨，數米而炊，併日而食，無廬可居，無田可耕，燒地而眠，炙體而睡，絲不期身，穀不期腹，深山曠野，穹檐敗屋，楮絮不温，茅次不足，罔有營衣，寒饑空腹。

三王順民情固本。民情欲壽，生之而不傷；民情欲富，厚之而不困；民情欲安，扶之而不危；民情欲逸，節力而不盡。